聴く監督

千葉ロッテマリーンズ監督
吉井理人

KADOKAWA

はじめに

この本を手に取ってくれたすべての皆さんに感謝の意を伝えたい。

僕の本に興味を持ってもらえた理由は様々だと思うが、ここに書き記した内容が、少しでも皆さんの期待に応《こた》えられていることを願うばかりだ。


振り返ってみると、2023年は、僕の野球人生の中でもかなり濃密な1年だった。千葉ロッテマリーンズから、これまで想像すらしていなかった監督就任要請をもらい、年明けとともに新たなチャレンジがスタートした。

これまで投手コーチとして指導者経験はあるものの、監督が果たす役割などまったく意識してこなかった僕にとって、監督業はまさに未知の領域だった。

しかも3月には、これも人生初となる日本代表・侍ジャパンの一員として、国際大会を戦った。投手コーチとして、世界最強と呼ぶに相応《ふさわ》しい投手陣を招集することができ、3大会ぶりのワールド・ベースボール・クラシック（WBC）制覇の歓喜を味わうことができた。

WBC終了後にチームに合流できたのは、シーズン開幕1週間前。監督就任が決まってからも、侍ジャパンに残ると決めたのは自分自身なので言い訳はできないが、不安を抱えた状態でシーズンに臨むことになった。

いざシーズンに突入すると、選手たちの頑張りもあって、一時は首位に立ち、周囲の注目を集めたこともあった。だが現実はそんなに甘くはない。後半戦に入ると歯車が徐々に狂いはじめ、チーム状態は悪化の一途を辿《たど》った。

何とかシーズン最終戦で生死を懸けた大一番を制し、2年ぶりのクライマックスシリーズ（CS）進出を決めることができたものの、すでにチームは万全の戦いができる状態になく、ファイナルステージで涙を呑《の》むことになった。厳しい状態で戦わせてしまったのは、すべて監督である僕の責任であり、選手たちは最後まで奮闘してくれた。

投手陣のマネージメントは経験がある一方で、攻撃面、守備面は「ド素人」という意識が強く、野手および打撃コーチとどのような関係性を築いていくべきなのか、試行錯誤の連続だった。もっとうまくチームをまとめられなかったのか、反省ばかりが残っている。

KADOKAWAさんから本書を打診されたとき、監督1年目のシーズンを振り返る最良の機会だと考え引き受けることにした。

これまで指導者として、選手たちに「振り返りの重要性」を伝えてきたが、僕自身もまた、現役時代から今も振り返りを続けている。そして僕にとって振り返りこそが、自分を成長へと導いてくれる最も重要なツールだと考えている。

ご存じの方もいるかもしれないが、僕は、筑波《つくば》大学大学院でコーチングを学び、対話やコミュニケーションを重視している。その影響もあり、コーチ時代から一貫して、選手の前で剝《む》き出しの感情、特にネガティブな感情は表に出さないようにしているし、それは監督になっても変わらない。選手たちの本心を聞き出すには、感情は明らかに邪魔な存在だ

（本書でも触れているが、敢えて感情を使うことはある）。

僕の偽らざる感情を理解するのは、僕だけでいい。

だから僕は試合後になると、チーム内で共有する客観的な振り返り（レポート）と、感情をさらけ出す主観的な振り返り（誰にも見せない日記）の2つをまとめるようにしている。

当然ながら、僕がどんな心の動きをしていたのかを正確に理解している人は、僕以外に誰もいない。


そこで本書では、僕が監督1年目のシーズンをどのように送ってきたのかを、できる限り詳細にお伝えできればと思っている。

春季キャンプからはじまり、WBC、レギュラーシーズン、CSに至るまで、いろいろな出来事が起こる中で、僕がどんな思いを抱きながらチームを率い、選手たちと接してきたか、余すところなく紹介したい。

監督1年目のシーズンは反省することばかりで、納得できた部分はほとんどなかった。

ただ、コーチ時代よりも仕事量が数倍に増え、慌ただしい日々を過ごした中で、監督という仕事に辛《つら》さを感じたことはなかったし、むしろ楽しさの方が勝っていたというのが偽らざる思いだ。それは文章の端々からも感じ取ってもらえるのではないだろうか。

これは僕に限ったことではなく、人間として成長したい、もっと新しいことを学びたいという向上心を抱き続けていれば、新しいチャレンジは誰にとっても楽しみでしかないはずだ。そして反省はネガティブなものではなく、人が成長するのに必要な養分なのだ。

本書は、和歌山出身のおっちゃんが、58歳で初めて監督という仕事に挑戦した日々をまとめたものだ。ぜひその中から、何か1つでも皆さんのヒントになるものがあれば幸いである。

聴く監督【目次】

第1章

世界一の投手コーチ

監督就任後も侍ジャパンに留まった理由

2022年10月に、千葉ロッテマリーンズのフロントから監督就任要請を受けたとき、正直、僕の頭の中は真っ白になっていた。まったく想像すらしていない話だったので、「本当ですか?」と聞き返した記憶があるくらい。本当に青天の霹靂《へきれき》だった。

そのあたりの話は後でしっかり説明するけれど、要請を受けると決断するまでそれほど時間はかからなかった。就任にあたりフロントに2つのお願いをしたのだが、その1つが侍ジャパンの投手コーチを継続させてほしいというものだった。「侍ジャパンは絶対に続けたいのでそれでもいいですか?」と確認したところ、フロントの人たちから「そちらもぜひ続けてほしい」との返答をもらい、最後まで続けることができた。

これまで僕の野球人生の中で、日本代表にかかわったことは一度もなかった。まあ僕らの現役時代はWBCなんてものはなかったし、日の丸を背負う機会が元々少なかったということもあるけれど。

だから侍ジャパンの監督に就任して間もない栗山英樹《くりやまひでき》さんから、投手コーチ打診の連絡をもらったときは、本当に嬉《うれ》しかった。遂に僕も日本代表か、と。当時はロッテの1軍投手コーチから外れることも決まっていたし、翌年から比較的自由に動ける立場にもなっていた。栗山さんの誘いを断る理由など1つもなかったし、即座に快諾させてもらった。

それだけに、侍ジャパンの投手コーチを途中で投げ出したくなかったし、僕としてもWBCという晴れ舞台を体験したい思いが強かった。それを経験することで投手コーチとしてもっと成長できるし、僕にとってプラスでしかないと思っていたくらいだ。

僕の願いを聞き入れてくれたフロントには本当に感謝している。

栗山監督との関係性

栗山さんとは、北海道日本ハムファイターズで監督と投手コーチの間柄だったわけだが、一度栗山さんの下から離れた時期があった。当時は栗山さんとの確執が報じられたりもしたが、栗山さんが監督を務める日本ハムにまた戻っているわけだから、周りで思われているほど関係性は決して悪くはなかった。

確かに投手の起用法などで意見のくい違いがあったのは事実だが、それはあくまで仕事上でのこと。野球観の違いというか、投手起用に関して意見が合わない部分があっただけで、人間関係という意味では決して悪いものではなかった。もし2人の間に感情的なわだかまりがあったら、また一緒に仕事をしたいなんて思わない。

だからと言って仲のいい友人というわけでもない。お互いに尊重し合える野球人というか、同じ業界の先輩後輩という表現が一番しっくりくるのではないだろうか。日本ハムから離れた後もそういった関係を続けていた中で、侍ジャパンのコーチ陣に迎え入れてもらったという経緯だ。

その後、個人的にメジャーリーグ（MLB）の情報を入手したり、ロサンゼルス・ドジャースでの短期留学を経験したりする中で、僕の投手起用に関する考え方も確実に変化していった。そして初めて監督という仕事をやらせてもらい、実は栗山さんには申し訳ないことをしてしまったという思いが芽生えている。これについては後で詳しく説明したいと思う。

投手の選考

ＷＢＣにおける投手陣の選考に関しては、最初の候補のリストアップは僕が任されていた。２０２２年には各チームのキャンプを視察させてもらい、いろいろな投手たちと話をする中で、彼らの反応を含めて参考にしながら候補を選ばせてもらった。

その候補を叩《たた》き台にして、コーチ会議でみんなの意見を合わせながら最終メンバーを決めていく流れになっていたが、結果的にほとんど僕の意見が尊重された人選となった。

ただし、大谷翔平《おおたにしょうへい》とダルビッシュ有《ゆう》の侍ジャパン入りに関しては、完全に栗山さんに一任していた。２０２２年はロッテの許可を得てドジャースに短期留学させてもらい、３度訪米する中で２人にも直接会う機会があったが、僕から「侍ジャパンに来てくれ！」という話はしていない。ただ世間話程度に「来年、ＷＢＣがあるけどどう考えているの？」と

栗山英樹監督の下、侍ジャパンの投手コーチを務めた

か「栗山さんが来てほしいって言っているよ」というような話をしたくらいだった。

最終的に侍ジャパンに招集するメンバーが決まった時点で、あれ以上のメンバーはないと思っていたので、「この布陣なら絶対に負けることはない」という手応《てごた》えを感じていた。あとは彼らが事前キャンプでうまく調整してくれさえすれば、優勝できるだろうという自信めいたものもあった。

その自信は、事前キャンプ中のダルビッシュを見てますます高まっていった。

メジャーリーガーでは唯一、初日から合流し、相談役になって投手陣をまとめてくれた。キャンプではみんながダルビッシュの投球を見て驚いていたけど、僕が見たところでは、むしろダルビッシュの方が他の投手たちの投球にビックリしたのではないかと思っている。実際に彼も「2009年に世界一を獲《と》った投手陣よりもレベルが高い」と言っていた。自分のことより相談役を優先してくれたことに加え、彼らのレベルの高さを目の当たりにしたことで少し焦ってしまい、キャンプでの調整が遅れてしまった面もあるのではないか。

侍ジャパンでの投手コーチの役割

僕の中で侍ジャパンの投手コーチは、1軍の投手コーチに近いイメージがあった。やるべきことは、選手たちのモチベーションを維持することと、彼らの体調管理をしっかりチェックすることだと考えていた。

もちろん試合になれば、監督と相談しながら継投のタイミングなどを考えていかねばならないが、それ以外は、気になる点が見つかった選手に声をかけ、確認するくらいだった。球界を代表する投手たちを相手に、何か技術的な部分を教える必要はまったくなかった。経験豊富で実績を残している投手が集まった大人のチームだったし、大会中も選手たちに指導めいた声をかけたことは一度もなかった。

例外があるとすれば、準決勝のメキシコ戦を投げ終わった佐々木朗希《ささきろうき》にかけた言葉だ。フォークの投げ損ないを本塁打にされてしまったが、登板後に「このレベルになるとああいうフォークの失投は見逃してくれへんで」と伝えた。

後で教えてもらったことだが、登板後の朗希はベンチ裏で悔し涙を流していたらしい。僕はベンチにいたのでまったく知らなかった。ただチームが同点に追いついたときにめちゃくちゃ喜んでいたので、かなり悔しかったんだろうなと感じていた。

3大会ぶりの優勝を決めた後も、投手コーチとしての役目を果たしたという安堵《あんど》感は一切なかった。みんなでシャンパンをかけ合っただけで、選手たちに労《ねぎら》いの言葉も特にかけていない。そもそも優勝できると考えていたわけだから。

事前キャンプから参加したダルビッシュの存在感

メジャーリーガーの中で唯一、ダルビッシュだけが事前キャンプから参加してくれたが、他の投手たちにとっていい刺激になっていたと思う。

例えばダルビッシュがブルペンで投球練習をしたときに、背後に設置したトラックマン（ボールの軌道や回転数などを測定できるトラッキングシステム）を使って1球ごとにデータを確認しているのを見て、他の投手たちはみんな驚いていた。

すでに日本でも、大谷翔平や菊池《きくち》雄星《ゆうせい》らがシアトルとアリゾナにある野球専用トレーニング施設「ドライブライン・ベースボール」を利用し、ピッチングの改良に成功していることは有名になっている。最近ではプロ野球（ＮＰＢ）でも同施設を利用している選手が増え始めているが、そうした最新式の練習法が選手全員に認知されているわけではない。それをダルビッシュが実際に披露してくれたのだ。

回転数や回転軸を確認しながらボールの握りを変えたりしているダルビッシュの練習法は、彼らにはかなり新鮮だったと思う。投手コーチとしてそれがすべて正しいと判断しにくい部分はあるが、新しい知識を学ぶことは選手にとって必ずプラスになることだ。

僕もダルビッシュの練習法に興味を持ち、ロッテで取り入れるのもありだと思い、何人かの投手たちに連絡を入れた。選手たちの反応は様々で、それを気に入ってさっそく取り入れる選手もいれば、あまりデータを気にしすぎるとおかしくなるからと敬遠する選手もいた。それはそれでいいと思っている。

あくまで僕とダルビッシュはコーチと選手の関係なので、それほど深く交流したわけではない。こちらから積極的に話しかけることはなかったし、ダルビッシュの方から持ちかけてくれたテーマについて「ワシはこう思うで」というような会話をしたくらいだった。

ただダルビッシュとの会話は、個人的にすごく楽しめる。彼は知識が豊富だし、技術的な話だけでなく本当にいろいろなことを知っている。ドジャースへの野球留学中にダルビッシュに会ったときも、コンディションの整え方、体力や栄養管理や変化球の投げ方などのテーマで盛り上がった。ダルビッシュも「吉井さんとならずっと野球の話ができます」と言ってくれた。

侍ジャパンの投手たちにとっても素晴らしい教材になってくれていたと思うし、選手たちもダルビッシュと話をするのを楽しみにしているように見えた。朗希もスライダーを教えてもらって、かなり良くなっていた。はじめ、僕が教えたときは全然ものにならなかったのに、ダルビッシュに教えてもらった途端、すぐに良くなってしまった。岩手の先輩である大谷以上に、すっかりダルビッシュの信奉者になっていたと思う。

宮崎キャンプから合流し投手陣をまとめてくれたダルビッシュ有の存在は本当に大きかった

朗希に限らず他の投手たちも、キャンプ中は事あるごとにダルビッシュのところに集まっていた。みんなが少なからず影響を受けていたし、彼を中心に投手陣はいい雰囲気で結束できていた。

大谷翔平と佐々木朗希の考え方の違い

僕は現役を引退してコーチになってからも、個人としてトレーニングを行うことが習慣化しているが、それは監督になった今も変わらず継続している。

ＭＬＢ移籍後の大谷が年を追うごとに身体が大きくなっていることは知っていたが、実際にＷＢＣで一緒の時間を過ごしてみて、改めて大谷の筋骨隆々の身体には驚きしかなかった。中でも肩周辺は、日本の野手と比較しても段違いの筋肉のつき方をしていた。傍目からもすごく見栄えのいい姿だったので、それからは大谷の真似をして肩周りの筋肉をつけるようなトレーニングに取り組み始めたが、大谷の域に達する気配はない。

日本では肩周辺に筋肉をつけると硬くなり可動域が落ちるという考えが一般的だが、大谷やダルビッシュを見れば分かるように、筋肉をつけたとしても柔軟性さえ維持できれば問題はない。

だが朗希は肩の可動域が投手の命だと考えているようで、肩周辺のトレーニングを取り入れることに躊躇《ちゅうちょ》している。あの可動域と出力だと、ブレーキ役を果たしてくれる一定の筋肉が必要になるというのが僕の考えだ。このままさらに出力が上がっていけば、故障のリスクが増してしまうことになる。

WBCで大谷やダルビッシュを見て必要性を感じたのか、最近は下半身のトレーニングに取り組むようになってきたが、まだ上半身に筋肉をつけることに疑問を抱いているようだ。こちらから強制してやらせるものではないが、僕としては少しずつでも取り入れてほしいと願っている。

いざWBC本番へ

事前キャンプ、練習試合を経て、いよいよWBCの1次ラウンドに臨んだわけだが、ほとんどの投手が順調に本番を迎えることができていた。ただし、ダルビッシュだけがあまり調子が上がらなかった。松井《まつい》裕樹《ゆうき》もはじめは少し苦労していたが、本番を迎える頃にはしっかり投げられるようになっていたので、不安要素はほとんどない状態だった。

練習試合を含め、試合で起用する投手については、まず僕がプランを考えて、そこに栗山さんのリクエストを盛り込み、微調整してまた栗山さんに戻すという流れだった。

決勝ラウンドでは朗希も山本由伸《やまもとよしのぶ》も打たれてしまったが（いずれも準決勝のメキシコ戦に登板し、佐々木朗希は4回を投げ3失点、山本由伸は3・1回を投げ2失点）、それでも全勝で大会を終えることができたので、うまくいったのではないかと思っている。

ちなみに元々、僕のプランでは、準決勝で山本を先発させ、決勝で朗希に投げさせる予定だった。そのプランを栗山さんにも提出し、「それいいね」と賛成してくれていたが、栗山さんの意向で急きょ変更することになった。

というのも、栗山さんは単にこの大会に優勝するだけでなく、とにかくアメリカを倒したいという思いを強く持っていた。当初は準決勝でアメリカと対戦する予定だったので、僕のプランに賛成してくれていた。

ところが大会途中のルール変更により、決勝に進出しないとアメリカと戦えないことが判明。栗山さんの「準決勝で負けるようなことがあったら意味がないよね」という思いを受けて、準決勝に日本で一番いい投手2人をつぎ込もうということになった。

急きょ決勝ラウンドでの登板が決まったダルビッシュと大谷

準決勝のメキシコ戦は必勝態勢で臨んだわけだが、朗希、山本ともに打たれてしまった。それでも勝てるチャンスを残しながら想定していたイニングを投げてくれたので、しっかり自分の仕事をしてくれたと思っている。

それよりも終盤までもつれる展開になり、延長戦に突入することをかなり心配していた。一応延長戦で採用されるタイブレークの練習はしていたものの、明らかに不慣れな部分があるので、できればサヨナラ勝ちしてほしいとベンチで祈っていた。

もちろん延長戦の準備はしっかりできていたが、打線の踏ん張りでサヨナラ勝ち（4対5で迎えた9回裏に村上宗隆《むらかみむねたか》が放った決勝2点タイムリーで勝利）を収め延長戦を回避でき、正直ホッとした部分があった。

無事に決勝進出を決め、アメリカ戦は総力戦で臨むことになった。準決勝で朗希と山本を起用したため、今永昇太《いまながしょうた》に先発を託すことになった。

それと、当初の予定では、ダルビッシュ、大谷の2人は決勝ラウンドでは投げないことになっていたのだが、準決勝が終わった後に栗山さんから「ダルも大谷も投げてくれるから、2人を加えて継投を考えてほしい」と言われた。

栗山さんと2人の間でどんなやりとりがあったのかは知らないが、準決勝を劇的な勝利で飾ったものの、大事な決勝を継投策で乗り切るしかない状況になり、彼らの勝負魂に火がついたのではないだろうか。こちらとしても決勝で起用できる投手が増えるのは有り難かったし、この2人が投げてくれるということで、僕の中でも8回ダルビッシュ、9回大谷で即決した。

アメリカ打線攻略を念頭に考案した投手起用

当初僕の中では、打順が一回りする3イニングを今永に任せようと考えていたのだが、準決勝のキューバ戦で、アメリカが左投手にやたら強さを発揮していたのを目の当たりにしてしまった（先発したキューバの左腕投手、ロエニス・エリアスから2回4安打3得点を記録し、試合の主導権を最後まで握ったまま14対2で圧勝）。そこで僕の中でちょっとした不安が芽生えてしまい、試合直前になって急きょ今永を2イニングに止《とど》めるというプランに変更した。

このプラン変更については、今永に3イニングを任せようという元々のプランを含め栗山さんに話していたわけではなく、あくまで僕の中で想定していたことだった。とにかく試合の出だしをしっかり抑えてもらうことだけを念じながら、今永を送り出した。2回に本塁打を打たれてしまったが、いい流れをつくってくれたと思う。

また、マイアミで行われる決勝ラウンドでは、MLBのスカウトやアナリストたちが侍ジャパンの投手たちに注目していると感じていたから、ショーケース的な要素を含め彼らの目に留まるような投手を起用したいとも考えていた。

それもあり、そもそも選手を選考する上で、MLBの平均から外れている投手を選ぶようにしていた。決勝ラウンドで対戦することになるだろうチームは、基本メジャーリーガーが中心になってくるからだ。

栗山さんをはじめ自分たちの究極の目標は、アメリカを倒すこと。MLBの平均から外れている投手ということは、彼らが普段見慣れていないボールを投げてくれるので、それだけ打者を抑えてくれる確率は高くなるし、投手たちもMLBのスカウトに注目される可能性が高くなる。まさに一挙両得と考えての選手選考だった。

WBC中に栗山さんから学んだ監督術

これまで投手コーチのときは、攻撃中の監督の様子なんて正直まったく気にしてこなかったが、帰国したら監督として開幕するシーズンが待っているので、攻撃中に栗山さんはどんなことをしているのか、じっくり観察させてもらった。

攻撃中に、栗山さんをサポートする参謀役の城石憲之《しろいしのりゆき》作戦コーチの背後に陣取り、ずっと様子をチェックするようにしていた。1球ごとに選手に指示を出しているのを目の当たりにし、ちょっとした驚きがあった。

特に、走塁が期待できる選手にはもっと選手の判断に任せているのかと思っていたのだが、本当に1球ごとに指示を出していた。作戦が失敗したときに、選手に責任を負わせることがないようにするための配慮なのかもしれない。

科学的根拠があるわけではないが、自分の肌感覚として、走塁絡みの作戦に失敗すると跳ね返ってくるダメージが相当あり、試合の流れを大きく変えてしまう気がしていた。それを栗山さんの戦術で確認できたことはすごく大きかった。

これまで選手として、またコーチとして、いろいろな監督に接してきたが、攻撃面でお手本にしてじっくり観察したのは栗山さんだけ。作戦面だけでなく打線の組み方も見ていたし、試合中の仕草などもチェックしていた。ピンチのときにどんな顔をしているのだろうとか、点が入ったときはどんな顔をしているのだろうとか。

そういう意味では、もしかして監督としての僕は、無意識のうちに栗山さんの影響を受けているのかもしれない。


侍ジャパンでは、本当に貴重な経験をさせてもらえた。チームの一員として選手たちが一丸となって戦う姿勢、そして優勝を決め歓喜する姿を目撃でき、野球の面白さ、醍醐味《だいごみ》を再確認できた。

次はこの体験をロッテで――。

そんな思いを抱きながら帰国の途についた。

第2章

理想の監督像とその準備

唐突すぎた監督就任要請

前章でも書いたように、2022年10月にフロントに挨拶《あいさつ》に行った際、まさかその場で監督就任要請をされるなんて、万に一つも予想していなかった。2022年は1軍投手コーチから外れてピッチング・コーディネーターをやらせてもらっていたが、契約も終了するので最後の挨拶をするくらいのつもりだった。

ただ、井口資仁《いぐちただひと》監督の退任が発表された後だったので、もしかしたらまた現場に復帰してくれと言われるかもしれない、と考えてはいた。だが、まさか僕に監督を任せる話になるとは本当に想定外だった。

ロッテから残留要請があったとしても、最初は断るつもりでいた。というのも、2022年は僕が考えるようなピッチング・コーディネーターの仕事ができず、主にその勉強に時間を費やした感覚だった。

でも、勉強を続ける中で、ピッチング・コーディネーターというポジションは、今後どのチームでも必要になると実感し、もっと本格的に取り組んでみたいと思うようになっていた。実は挨拶に行った時点で他球団から誘われていたので、僕の気持ちはロッテを離れることでほぼほぼ固まっていた。

ところが、フロントから予想を超える監督就任要請を受けたのだから、ビックリする以外なかった。WIN5（馬券の一種）が当たったくらいの衝撃だったと思う。

監督就任要請は驚きでしかなかったが、それと同時に、挨拶に向かう前にあったロッテを離れる気持ちは完全に消滅していた。プロ野球界に身を置く人間として、監督就任のオファーを断る理由なんて1つもないからだ。まったく想定はしていなかったけれど、これはもう引き受けるしかないと瞬時に考えていた。

正直これまでの僕は、監督というものに一切興味がなかった。だが、やってくれと言われたら、誰でも「どんなものなんやろう？」と考えてしまうと思う。

フロントも返事を急いでいたようだったし、こちらとしても長く考えることでもないので、翌日には要請を受諾する返事をした。自信はまったくなかったけれど、チャレンジし

2022年10月18日の監督就任会見。監督をやるなんて夢にも思っていなかった

てみたかったというのが正直な気持ちだった。

実は投手コーチ時代からフロントには自分の考えや意見を伝えるようにしていた。時には投手コーチの枠を超え、組織全体について話したこともある。彼らは好意的に耳を傾けてくれ、自分の意見を採用してくれたこともあった。

これはあくまで僕の憶測でしかないが、そうした中でフロントが僕を理解し、彼らの考えと合致する点が多かったため、監督を任せてみようという流れになったのではないだろうか。後々説明していくが、監督に就任してからもフロントの人たちは常に耳を傾けてくれ、積極的に協力してくれている。

フロントに僕を理解してもらっているからこそ、監督として大胆な改革にも取り組んでいけるだろうと感じていた。それも就任要請を受け入れた理由の1つになっている。

編成面で坂本光士郎と西村天裕のトレードを指揮

少し話が逸《そ》れてしまうが、僕が考えるピッチング・コーディネーターとは、投手がしっかり活躍できるようにするため、投手、コーチ、監督の間に入って調整していく役割だ。

だが、2022年のロッテは、現場の中でそうしたポジションを受け入れる体制が整っておらず、残念ながらピッチング・コーディネーターとしての仕事はほとんどできなかった。自分がやっていたことと言えば、トレードなどの編成事業、ドジャースへの野球留学、侍ジャパンの選手選考だった。せっかく1年かけてピッチング・コーディネーターの勉強をしてきたのだから、どこかでその成果を発揮してみたいと考えていたわけだ。

ちなみに2022年に携わった編成の仕事は、坂本光士郎《さかもとこうしろう》を東京ヤクルトスワローズからトレードしたことだ。今だからもう少し裏話を披露すると、左のリリーフ投手を補強したいとヤクルトに打診したところ、坂本ともう1人の投手のいずれかならばトレードに出せるという返事をもらった。

そこで、ロッテが保有していた2投手の投球データをチェックし、坂本を獲《と》るべきだとフロントに伝えトレードが成立した。当時の坂本は肩に不安を抱えていたので登板間隔をある程度取ってあげること、それとスライダーの精度をもう少し上げることができれば十分に活躍できると踏んでいた。ただ移籍後の坂本に直接会って話をしたことはないので、自分の判断で彼を獲得した事実を本人は知らないと思う。

獲得理由の詳細をフロントに伝えていなかったこともあり、２０２２年に坂本は肩を痛めてしまった。さらには新型コロナウイルスにも感染してしまい、調子が上がらないまま7試合の登板に止《とど》まっていた。そこで２０２３年は、キャンプからスライダーに磨きをかけることと、肩のトレーニングを強化するよう説明して、シーズン開幕の準備をしてもらった。

２０２３年は51登板、16ホールド、防御率３・21と素晴らしい活躍を見せてくれたが、まだ坂本本人の中では投球感覚が漠然としており、そこにズレが生じると元に戻すのに苦労していた。投球感覚をしっかり摑《つか》めば、フォアボールを連発することもなくなるだろうし、さらに安定した投球が期待できる。

またヤクルト時代の坂本は、体力トレーニングをほとんどしてこなかったそうだ。オフには澤村拓一《さわむらひろかず》と一緒にハワイで自主トレを行っているので、体力もかなり向上しているのではないだろうか。

また、これは監督就任後のことだが、２０２３年3月に西村天裕《にしむらたかひろ》を日本ハムから獲得している。侍ジャパンのキャンプ中に、日本ハムが西村のトレードを持ちかけてくれた。西村の投球データ（真っ直ぐの回転率がかなり高い）をチェックする限りＺＯＺＯマリン

坂本光士郎にはさらなる飛躍を期待している

スタジアム向きの投手だと感じていたし、少し変えれば活躍できる投手だと知っていたので、二つ返事でトレードをお願いした。

西村は僕と同じ和歌山出身で、以前から日本ハムサイドに「使わないのならください」と言い続けていた。そのことを憶《おぼ》えていてくれて、向こうから打診してくれたのだと思う。すぐに松本尚樹《まつもとなおき》球団本部長に相談したところ、すぐに「いいですね」と快諾してくれた（彼も和歌山出身）。

西村も坂本同様、2023年は44登板、14ホールド、防御率1・25と主力リリーフ陣の1人として活躍してくれた。もちろん2024年も期待している投手の1人だ。

日本ハムだけでなく、同じく古巣の福岡ソフトバンクホークスも直接話ができるので、コネクションを最大限に生かしながらいろいろな情報交換を行っている。

監督になるための下準備

監督を引き受けると決断をしてからは、僕なりに監督になる準備を始めていった。

まず手始めに取り組んだのが、マネージメントやチームビルディングを勉強するために、関連書籍に目を通すことだった。

いわゆる野球専門書ではなく、よく書店に並んでいるビジネス書の類《たぐい》。じっくり読むと言うよりも、さっと目を通して短期間で大体のイメージをつけて、そこから自分はどうしていくべきかという考えを構築していくようにした。

そうした本の中で一番僕に響いたのが、知り合いのお医者さんに勧められた本に書かれていた「みんなの意見を聞きながら物事を決めていこう」という内容だった。改めて人の話を聞く大切さを確認することができた。

また、意見を聞くにしても専門家に偏らず、むしろ素人の突拍子もない意見を積極的に聞くことで何か斬新《ざんしん》なアイディアが生まれ、それがイノベーションに繋《つな》がっていくと解説されていた。その考えは僕の心に強く突き刺さった。

監督の理想像

これまで監督というものを特別に意識したことがなかったから、僕の中に確固たる理想像があるわけではなかった。

過去に選手として、コーチとして多くの監督と接してきたが、それぞれに良さがあったと思っている。ただ監督就任を受諾して、僕なりに何ができるのか、理想的な監督はどんなものなのかと考えてみると、どうしてもメジャーリーグの監督のように「監督を演じる」タイプに惹《ひ》かれる部分があった。

審判に猛抗議してわざと退場して選手を発憤させたり、選手と一緒におちゃらけて場を盛り上げたり。周りからはちょっとおっちょこちょいに見えるくらいがちょうどいいのかなと思っている。ただ誰か特定の監督をモデルにしているというわけではない。

それは明らかに、昔ながらの日本の監督のイメージとはかけ離れている。戦国時代の武将のように、どーんと座って泰然自若としているというのとは正反対かもしれない。それはそれで格好いいとは思うが、今のロッテには合わないと考えているし、僕のキャラクターからもかけ離れていると感じていた。

「監督」という言葉に潜む壁

この考えは、チームという組織においても共通していることだと思う。

僕は監督と選手の間で壁をつくりたくなかったので、選手たちに「監督」という呼び方を止めさせようと考えていた。僕は監督という言葉自体に一種の壁を感じてしまうし、アメリカでは選手が監督を普通に名前で呼んでいるので、それがいいと思った。

確か権藤博《ごんどうひろし》さんも監督やコーチ時代に「俺を役職名で呼ぶな」と言っていた。あれに近い感覚だと思う。

ところが選手たちに名前で呼ぶように促したところ、どうやら日本の文化には合わなかったようで、選手たちがどことなく戸惑っているように見えた。そのため、選手から監督と呼ばれても我慢して「はい」と返事するようにはしたが、これからも壁をなくす努力は続けていきたいと思う。

選手との間に壁ができてしまうのは、選手ではなく我々指導陣の責任だと思っているので、選手たちに何か特別なことを要求するつもりはまったくない。定期的な対話の中で選手の反応を確認しながら、彼らが気兼ねなく話せる環境をこちら側で整えていかねばならない。

チームから監督就任が発表された後、監督として最初に選手たちの前に立ったのが、若手選手が参加していたみやざきフェニックス・リーグだった。まだコーチ陣が確定していないし、シーズンの方針も決まっていない中で、訓示めいた言葉を発し選手を萎縮《いしゅく》させる必要もない。「来シーズンから監督をすることになりました。よろしくお願いします」と、簡単な挨拶をした程度だった。

かなりの年齢差があり、立場の違う監督と選手がツーカーの仲になるのは絶対に不可能だ。だがチームという組織の中で勝利という目標を実現するため、立場の違いに関係なくお互いの意見を出し合える場を創出することで、結束感、一体感が生まれると考えている。

フロントに依頼した金子誠コーチ招聘

監督就任要請を受ける際、2つだけフロントにお願いをしたことを前章に記した。1つが前述した通り侍ジャパン投手コーチの継続だったが、もう1つが金子誠《かねこまこと》をコーチとして招聘《しょうへい》してほしいというものだった。

コーチ陣に関しては、フロントが人選を進めていくということで、チームから発表があるまでその陣容を知らされていなかった。それでも金子だけは僕のわがままでぜひ呼んでもらえるようにフロントにお願いしていた。

投手出身で一度も監督経験のない僕にとって、野手のマネージメントと試合における攻撃の戦術面に関してはまったくのド素人だったので、ここは誰かに助けてもらわなければならなかった。僕の頭の中で最適な人物だと思ったのが金子だ。

彼とは日本ハムで一緒にコーチをやっていて、野球についていろいろ話す機会があった。僕は球場まで地下鉄通勤していたのだが、試合後はよく市街地まで金子の車に乗せてもらっていた。その車中で彼の話を聞きながら、野球についてしっかり考えている人物だと感じていた。

金子以外のコーチ陣はフロントに任せていたが、1軍、2軍ともに選手時代、コーチ時代に一緒にやった人たちを揃えてくれた。今までまったく面識がなかったのは村田修一《むらたしゅういち》だけだった。

まず12月の段階で、サブロー2軍監督、福浦和也《ふくうらかずや》1軍ヘッドコーチ兼打撃コーチ、光山《みつやま》英和《ひでかず》1・2軍統括コーチ兼統括コーディネーター、金子1軍戦略コーチの4人と一度会って、チームとしての大きな進め方を話し合うべく、お互いに意見を出し合った。

その後、1月の新人自主トレ初日に改めてチーム全体のミーティングを行い、12月に話し合った内容を軸に今度はコーチ陣みんなに意見を出してもらった。そしてキャンプ前にもう一度集まって具体的な方針を決めていった。

2022年から導入されたチーム内共有レポート

チーム内でしっかり意思疎通を図るため、1軍、2軍関係なく、監督、コーチにはそれぞれレポートを提出してもらい、それをみんなで情報共有できるようにしていた。僕にとっては各選手の状態や考え方を確認する上で役立つと考えていた。

このレポート提出は、2022年からロッテで導入されているものだ。僕がフロントに提案したところ、すぐに導入が決まった。僕が在籍していた2008年の段階で、日本ハムでも採用されていたし、ドジャースの短期留学でマイナーリーグを見学させてもらったときも、コーチ陣が早朝に球場入りし、かなりの時間をかけてレポートを作成している姿を目撃した。ロッテにもこうしたシステムが必要だと考え、フロントに相談した。このレポートは現場のコーチ陣だけでなく、フロントの人たちにも情報共有できるようになっている。

つまりレポートの目的は、各選手の状況、状態を把握し、チーム全体で情報共有することだ。従来は1軍と2軍で情報共有ができておらず、お互いがどんな指導をしているのか不透明な部分があったし、それをフロントが確認する術《すべ》もなかった。これでは組織として機能するのは難しい。

そのため、チーム全体で各選手の状況を把握できるように、コーチ陣には彼らの意見ではなく、少しでも多く選手たちの考え、意見を伝達するレポートにしてほしいと伝えている。極端な話、コーチの意見なんてレポートの1割だって構わない。選手から意見、言葉をしっかり聞き出すことがコーチの大事な役割の1つであり、それをすべてのコーチに理解してほしかった。

だがコーチの中には、このレポートの意味をなかなか理解してくれず、かなりの割合で自分の意見を報告してくる人がいるのも事実。間違いなく今後の改善点であり、粘り強く意思疎通していくしかないと考えている。

キャンプ前に行ったコーチ陣との意思疎通

チーム全体ミーティングでは、1軍、2軍を通して、僕なりの「指導者の姿勢」について理解してもらおうと考えていた。

自分は監督になったため、選手たちを直接指導するのはコーチたち。彼らにはしっかりしたコーチングをしてほしかったので、選手が自分の頭で考えて、自分で行動できるように指導してほしいと伝えた。こちらからすべてを押しつけるのではなく、ある程度提案したとしても、最後は選手が「これをやります！」と決められるように導いてほしかった。その点を一番強調しながら説明させてもらった。

すでに「これをやろう」とコーチに言われたら、それ以上言わなくても選手自らがやる雰囲気にはなっていたが、そこからさらに一歩進んで、チームの進むべき方向を選手自身が把握し、それを実現するために、自分で考えて行動できるところまで到達してほしいというのが僕の理想だ。

あくまで僕の感覚的なものかもしれないが、「自主性」と「主体性」には、言葉のニュアンスに違いがあると思っている。いずれも周りの干渉を受けずに行動するという面では一緒だと思うが、自覚、意思を持ちながら他人に頼ることなく自らの考えをまとめ、それをベースにして率先して行動していくことが「主体性」だと考えている。僕が選手に求めているのは、そうした思考、姿勢を身につけることだ。

これまでも経験してきたことだが、そのあたりをコーチ陣にすべて理解してもらうのがなかなか難しい。コーチが「これやって」と指示を出し、選手がその通りにできた場合に、「自分でできるようになった」と勘違いしてしまうコーチが今も少なからず存在している。そうではなく、選手といろいろ話し合っていく中で、選手の方から自分の意思で「これがやりたいです！」と行動を起こしてくれるように仕向けてほしい。それをコーチたちに理解してもらいたかったし、何度も繰り返し伝えた。

一方、2023年のシーズンを経験した中で、すべての選手にいきなり主体性を求めるのは難しいことも学習できた。サブロー2軍監督から報告が届いたのだが、プロ野球選手としてスタートを切ったばかりの新人選手たちは、かなり戸惑っていたようだ。

もちろんプロとしてどのように取り組むべきか、明確なビジョンを持っている選手は少ないだろうと予想はしていたが、やり方が分からなければ、選手の方からコーチ陣に質問するくらいの積極性は持っているだろうと楽観視していた。ところが選手の中には、それすらできずに何もやらない状態になってしまったケースが発生したということだった。

報告してくれたサブロー2軍監督が、すぐに軌道修正してくれたので大きな問題にならなかったが、今後の課題として、プロ入り直後の選手がスムーズに主体性を持てるようなカリキュラムを構築していくことも重要になりそうだ。

WBCでチームを離脱していた間も、コーチ陣とは毎日オンラインでミーティングをしていた。練習前の朝と、時間が合えばオープン戦終了後にも実施していた。このミーティングでは自分だけ現場にいないので、少しでも現場の状況を把握できるようにコーチそれぞれが思っていることをできるだけ多く話してもらうようにした。お互いがさらに意思疎通を深めていく意味もあった。

このミーティングとは別に、レポートも継続して提出してもらい、チーム状況の把握に努めていた。

選手、コーチ、チームスタッフたちに僕のやりたいことを理解してもらうには、意思疎通が絶対に必要になる。そのためにはただ自分の意向を伝えるだけでなく、相手の考え、意見を引き出すことが重要だ。両者の相違点を把握した上で説明することで、相手の納得度、理解度は格段に増すことになる。
他人に何かを理解してもらうには、まずは「聴く」ことだ。

第3章

聴く監督

監督になっても変わらない選手との向き合い方

コーチから監督になり、周りからみれば自分の立場は変わったわけだが、僕の選手との向き合い方は何も変わっていない。

元々、コーチ時代も投手に対し何かを教えようとしてきたわけではないし、選手と対話して彼らに自分の考えを口にする機会をつくることで、それぞれの課題や目指していくものを認識してもらうための気づきを与え、率先して行動するように促していただけだ。それが監督になり、投手だけでなく野手も加わったという感覚だ。

投手陣は自分のことをある程度理解してくれていたが、野手陣に関してはこれまでほとんど接点がなかった。彼らも「どんなおっちゃんかな?」と多少身構えてしまうところがあるだろうし、こちらもバッティングや守備に関してはド素人なので、野球の話でなくてもいいから積極的に彼らに声をかけていこうと意識していた。

春季キャンプでの日常

選手が全員揃った上で、監督として本格的に始動したのが春季キャンプになるわけだが、投手だけではなく野手も見て回らなければならないので、コーチ時代よりも当然忙しさは増したし、考えなければならないことも盛りだくさんになった。

球場入りしてすぐにコーチ陣とミーティングを行い、選手たちがウォーミングアップを始めると、スタッフの人たちとコミュニケーションを取っていった。その後、本格的な練習に移行し、選手やコーチがグラウンドに散らばると、あちこち回りながら練習をチェック。練習メニューや選手の対応はすべてコーチ陣に一任していたとはいえ、グラウンドやブルペンを回っているだけでどんどん時間は過ぎていった。練習中もなるべく選手、コーチ、スタッフらと話をするように心がけ、みんなが気軽に声をかけ合える雰囲気づくりを意識した。

ただ、投手コーチ時代の習慣もあってか、どうしてもブルペンに居座る時間が長くなっていたと思う。投手陣のピッチングを見ているのは楽しいのだが、バッティングに関しては知識のない僕が打撃練習を見ていても何も分からない。そこにいたところで何の役にも立たないと感じてしまい、長く留まることができなかった。

午前の練習が終わった後は、昼食前にウェートトレーニングで汗を流し、昼食後に再びコーチ陣とミーティングを行い、チーム全体のスケジュールが終了する流れだった。トレーニングを欠かさなかったのは、あくまで美容と健康を目的とした趣味みたいなものだが、ウェート場でトレーニングしていれば、自然と選手たちと一緒の時間を過ごせるので、対話の場としても活用できるメリットがあった。

また、僕がトレーニングを続けることで、コーチ陣の中にも興味を持つ人が現れ、何となく「マリーンズ・ウェート・クラブ」のようなものができあがった。中でもサブロー2軍監督がかなりのめり込み、日々トレーニングに励んでいたそうだ。そんなサブロー2軍監督の姿に影響されたのか、2軍の選手たちもトレーニングに力を入れるようになる相乗効果をもたらしている。

ただ、コーチ陣が積極的にトレーニングに励み、彼らが狭いウェート場を占拠してしまっては本末転倒だ。コーチ陣には合間を縫ってトレーニングしてもらうようにお願いしていたが、自分は監督という特権を使い、なるべく選手たちと一緒になるように調整していた。

キャンプ中はトレーニングの他に、毎朝起き抜けに30分程度散歩をすることも欠かさなかった。こちらはフィジカルではなくメンタルをリフレッシュするためだった。毎日いろいろと思考を巡らさなければならず、確実に脳は疲労していた。それを整理するためにも、何も考えず頭を休める時間が必要だった。毎日1人でぼーっとしながら歩き続けていた。トレーニングと散歩はキャンプだけでなく、シーズンに入っても僕のルーティンになっている。

キャンプから実践した変革

野手陣に関してはこれまで午後もチーム練習を続け、夕方近くまでグラウンドに残っていたのだが、キャンプ前に僕から、量より質を重視するようコーチ陣にお願いして、打撃練習の時間を短縮してもらった。以前から野手陣の練習メニューは多すぎると感じていたからだ。キャンプ中の野手たちはやることが多すぎて、シーズン開幕を迎える頃にはへばってしまう恐れがあるし、シーズンに入った後もケガやコンディション不良に繋《つな》がる恐れがあると危惧《きぐ》していた。

コーチ陣はなかなか納得してくれなかったが、お互いに意見を出し合いながら前年より2時間短縮することに同意してもらった。そのお陰で選手全員が午前中で全体練習を終えられ、午後は選手各自の個別練習に充てることが可能になった。野手たちは練習時間がかなり短くなったと感じられたと思う。

あくまで僕なりの考えではあるが、一心不乱に四六時中バットを振り続けるだけでは、打者として必要な技術を身につけるのは難しいように感じている。選手が自分で考えようとする機会を奪ってしまうし、成長の妨げになる可能性もあるからだ。

僕がアメリカで経験したこととして、メジャーリーガーは日本と比べればわずかしか練習していない。キャンプ中もチーム練習では各選手の打撃練習時間は15分くらいなのに(もちろん個別に練習している選手もいた)、シーズンに入ればガンガン打ちまくっていた。

それを実体験してきた立場からすれば、どうしても日本の練習スタイルに非効率性を感じてしまう。

実際、打撃練習時間を短縮したことによって、何か不具合が起こったとは思っていない。練習量が減ったことでもっとやりたいと考える選手は、こちらが放っておいても自らの意思で個別練習するもの。自分が必要と思う練習ならば、選手は積極的に取り組んでくれる。

キャンプに留まらずシーズンに入ってからも、選手たちに強制するような練習は控えるようにした。例えば移動日後の2連戦で次の日がオフの場合、2試合とも試合前練習を自由参加にして、練習したい選手だけ練習する方式にした。疲労を感じている選手は休めばいいいし、何か課題を抱えている選手はそれに充てる時間にすればいいという思いからだった。

ちなみにアメリカでは、キャンプ施設が日本とは比較にならないくらい充実し、効果的に練習が行える環境が整っているので、どのチームも午前中で全体練習を終えることが可能になっている。日本のキャンプ施設でアメリカのような効率を求めるのは難しいが、2

023年のキャンプではメインとサブのグラウンドを有効活用できるようにするため、メインを打撃専用、サブを守備専用に分け、1軍と2軍に分けずに練習を行う工夫を試みた。従来まではメインを1軍、サブを2軍が使用し、それぞれのグラウンドで別々に打撃練習、守備練習を行っていた。それだと練習が切り替わる度に準備する時間が必要になるし、不要な待ち時間が増えてしまう。それを極力削減するため練習方法を一新したところ、かなりの時間短縮に繋がったと思う。

個別練習になると比較的選手たちと話しやすくなるので、彼らの練習を覗《のぞ》きながら「今日は何やろうと思ってたん？」とか「これからどうしようと思っているの？」などと声をかけ、選手たちの考えを聞き出そうとしていた。時には選手と一緒にウェート場でトレーニングしながら話し合ったりもした。何か予定が入らない限り、選手全員が個別練習を終了するまで施設に残るようにしていた。午後3時くらいまで施設にいることが多かった。

それでも選手全員から意見を聞くのは至難の業だ。WBCのため1ヶ月以上もチームを離れざるを得なかったため、僕の感覚では全体の20%ぐらいしか選手とやりとりできていなかったように思う。

だからこそ、ミーティングとは別に、前章でも触れているコーチ陣に提出してもらうレポートが重要だった。ホテルに戻った後に彼らのレポートに目を通していたので、ベッドに入るまでｉＰａｄと向き合う日々だった。レポートの内容によっては、ミーティングとは別にこちらからの要望を書き込む場合もあった。

シーズンを迎える前に、監督として少しでも多くの選手たちの考えや意見を把握するには、どうしてもコーチ陣のサポートは必要不可欠だ。それを踏まえてコーチ陣と毎日ミーティングに臨み、こちらの要望を伝えていた。それだけにレポートに関しては、こちらの意を汲《く》んで、少しでも選手たちから聞き出した意見や考えを報告するように要請していた。

このレポートに関しては、２軍の監督とコーチだけシーズン中も継続して提出してもらっていた。１軍でも継続するか悩んだが、１軍コーチとは毎日顔を合わせるし、彼らの仕事量を考慮し、とりあえずシーズン開幕前で一旦終了することにした。ただ、２軍の方から１軍の状況を把握したいという要望があったため、僕だけは引き続きレポートをまとめるようにしていた。

レポート提出を継続した影響だと思うが、2軍のレポート内容をチェックしていると、少しずつ選手から意見、考えを聞き出すスキルが身についていることが確認できるようになった。

それと、2023年から僕の考えで、臨床スポーツ心理学の先生に月数回来てもらうようにした。この人物はカウンセリングのプロなので、巧みに選手たちの意見、考えを導き出してくれる。そうしたスキルをコーチたちにも指導してくれるよう依頼していたことも、大きかったのではないだろうか。

例えば、2023年は2軍の内野守備コーチ兼走塁コーチを務めていた根元俊一《ねもとしゅんいち》（2024年から1軍に配置転換）は、2022年のフェニックス・リーグで選手を頭ごなしに指導していたことがあった。「選手がどう思っているのか確認していないのに、そんなことは言えないだろう」と注意したのだが、1年後のフェニックス・リーグで選手とのやりとりを見ていたら、すごく上達しているのを確認することができた。

チームとして選手育成を考えれば、1軍以上に2軍で若手選手たちが主体性を持って取り組める環境を整えることはすごく理想的だ。そういう意味では少しずつチームがいい方向に向かっているように思う。

理想と考える選手との対話

対話という表現だとやや語弊があるかもしれないので、念のため僕が考え、これまで実践してきた選手とのコミュニケーションについて説明しておきたい。

対話と言っても双方向で対等のコミュニケーションを行うわけではなく、あくまでこちらは選手が言葉を発するきっかけをつくるだけだ。こちらが期待する答えに誘導するような言葉を投げかけてはいけないし、彼らが言葉を発し始めたら、後はできるだけ聞き役に徹する。

それを繰り返すことで、今自分が何を考えているのかに気づかせるとともに、どのように考え方が変化しているのかを認識させる目的がある。

僕はカウンセリングの専門家ではないので、対話中は選手たちの言葉を引き出すことに集中し、そのやりとりをボイスレコーダーに録音している。

そして後で録音したものを自分で文字起こししながら分析してみると、「こんな発言をするようになったんだな」と選手の変化を確認できたりする。そうして対話を続けながら、選手に次々と気づきを与えるように仕向けることが、僕の目指している対話だ。

コーチ陣に提出してもらうレポートを、できればコーチ1、選手9の割合でまとめてほしいと伝えた理由がこれで理解してもらえたと思う。

日本ハム時代は有原航平《ありはらこうへい》、加藤貴之《かとうたかゆき》、上沢直之《うわさわなおゆき》、高梨裕稔《たかなしひろとし》ら若手先発投手を相手に、登板した翌日に5分間程度の対話を行っていた。自分のパフォーマンスを言語化するということは頭の中を整理することに繋がる。逆に言葉として表現できないのであれば、まだその動きを自分のものにできていないことを意味する。その状態でどこか歯車が狂ってしまうと、元に戻すことができなくなる。だから選手たちに言葉を発する機会を定期的に与えるようにしているわけだ。

僕も選手たちと対話を始めた当初は聞き役に徹することができず、ついついこちらが会話の主導権を握ってしまうこともあった。こちらも対話を繰り返しながら慣れていくしかないし、選手から言葉を引き出すスキルを徐々に身につけていかねばならない。

個人的にそうした経験をしてきたので、ロッテのコーチ陣も必ず選手の言葉を引き出せるようになれると信じているし、実際に前述した根元だけでなく、1軍の小野晋吾《おのしんご》投手コーチもかなりのスキルを習得してくれているように思う。

ちなみに僕が選手たちと対話を始めるきっかけになったのは、日本ハムの2軍コーチ時代だった。あるスポーツカウンセリングの会合に招待され、そこでMLB時代に将来の書籍化（あくまで個人的野望）を夢見て、人に読んでもらえるような、客観的な日記を書き留めるようにしていたことを話した。それを聞いたスポーツ心理学の先生に「それが一番効果的な振り返りの方法です」と説明されたので、それを機に選手たちを集めて振り返りをさせるようになった。

日記を書いていた当時は、それが振り返りになっているなんて思いもしなかったが、自分の思いつきで客観的な内容にしていたことで、自然とメタ認知ができていたわけだ。日

選手が言葉を発するきっかけをつくり聞き役に徹する

記を書くことで試合の振り返りができるようになっていたので、同じ失敗をしなくなっていたように思う。ちなみにイチローもメタ認知ができていたと言われている。

その後、カウンセリングに興味を持ち、筑波大学大学院に入学してスポーツ心理学を学びながら知識を増やしていき、日本ハムに復帰した際に選手個々と対話していく方法を取り入れるようになった。

僕ならではの選手との距離感

選手の意見を確認することは、現場にいる限りずっと続けていかねばならない作業だ。コーチ陣に頼るだけでなく、僕自身も積極的に彼らと対話する機会をつくっていかねばならないし、さらに選手たちとの距離を縮めていく必要がある。

実は、選手たちが気兼ねなく話をしに来られるようにするため、ZOZOマリンスタジアムの監督室を、ロッカールームの入り口付近に変更してもらうように画策していた。フロントも了承したものの、配線上の問題で頓挫《とんざ》してしまった。

現在の監督室はコーチ部屋の奥にあり、選手だけでなくコーチも足を運びづらい位置にある。そのため、部屋の広さが狭くなっても構わないから、みんなが頻繁に行き来する場所に移りたかったわけだ。

移動がダメになった後も、せめて監督室とコーチ部屋の位置を入れ替えてほしいと打診してみたのだが、こちらも構造上の問題で不可能となった。

結局、監督室は奥まった場所から動くことはなかったが、2023年シーズンが終了するまでに、数人の選手が自らの意思で監督室に足を運んでくれた。ただ来てくれたのは投手に限られ、野手は1人もいなかった。


選手が自ら監督室に足を運ばなくとも、こちらから選手を監督室に呼び寄せることもあった。腹の中に何かを溜《た》め込んでいる選手は間違いなくプレーに悪影響が出てしまう。そうした選手たちを監督室に呼んで、1対1で話し合う機会をつくっている。

例えば野手だと安田尚憲《やすだひさのり》、山口航輝《やまぐちこうき》、藤原恭大《ふじわらきょうた》、中村奨吾《なかむらしょうご》を呼び出している。奨吾は何度か呼んでみたが、なかなか腹を割って本音を話してくれなかった気がしている。それでも彼らが頭の中を整理さえできれば、こちらの思惑は十分に達成できている。
彼ら以外にも、小島和哉《おじまかずや》とはＬＩＮＥで、野球とは関係のない先行逃げ切りのサラブレッド・ツインターボを引用しながら投球について意見交換した。
ＬＩＮＥはコーチ時代から投手たちとの連絡ツールとして重宝しており、今も前所属チームの投手たちから相談事のメッセージが送られてくることもある。

いずれにせよ、四六時中僕が監督室に引きこもってしまえば、選手たちの話を聞くことはできないし、距離を縮めることもできない。そのため用事がないときはできるだけ監督室を飛び出し、選手たちのロッカールームや食堂、トレーナールーム、ウェート場で時間を過ごすようにしていた。ほぼ毎日そうした時間をつくるように心がけた。

僕は常に、選手たちに「監督がいるぞ」と意識されないくらい自然な形で、彼らと同じ空間を共有したいと考えている。僕がロッカールームにいても、いびきをかきながら寝ている選手がいれば、ゲームに興じている選手もいる。それでいいと思っているし、僕にとってもそれが居心地いい空間なのだ。

元々コーチ時代から選手の周りをうろちょろしていたので、選手たちはすんなり受け入れられたのかもしれない。コーチを離れピッチング・コーディネーターをしていた2022年は、ベンチ外の選手たちと一緒に話しながら試合を観戦したりもしていた。もし僕が過去に所属したことがないチームで監督を引き受けていたら、受け入れてもらえるまでもっと時間がかかっていたのではないだろうか。

日米に関係なく、監督の中にはロッカールームは選手たちのスペースだと考え、足を踏み入れることを避ける人もいるし、選手との距離を一定に保つため、一切監督室から出てこない人もいる。監督によって考え方はそれぞれだし、彼らの選手との向き合い方でチームがきちんと機能しているなら何の問題もない。もちろん僕も選手に対して、監督としての威厳を保とうとすれば、同じような態度を取ることもできる。だがそれが僕のスタイルだとは思わないし、やりたいとも思わない。

自分の経験上、選手との間に一方的に線を引いてしまえば、彼らは絶対に本心を話してくれないと確信している。チームとしての生産性を考えれば、お互いにとってマイナスでしかないし、そんな壁は無意味なものだ。そうでなくても監督と選手の間には上下関係がつきまとうし、普通にしていても何らかの壁が生じてしまうもの。その壁を監督自ら、わざわざ厚くする必要はないはずだ。

また、監督として選手と対話を続け、理想的な距離感を保つには、選手の前で喜怒哀楽を表に出すことなく、できる限り同じ精神状態、平常心で向き合うべきだと思っている。選手の前で様々な感情を剝《む》き出しにすれば、彼らは居心地が悪く、不快感を抱くだろう。選手と同じ空間にいるときは、分け隔てなく同じ接し方をしようと心がけている。

特に試合中には、選手のプレーに対し一喜一憂しないようにしている。感情は必ず表情に出てしまうので、選手に伝染し、彼らを萎縮《いしゅく》させてしまいかねない。試合を見ているときも、感情をコントロールするようにしている。自分が感情を出す場所は1人でいる監督室だけでいい（時には抑えられないこともあったが）。

選手間にも存在する世代格差

キャンプから、野手、投手を分け隔てなく、距離を取ることなく、できる限りコミュニケーションを取るように心がけていたが、付き合いの浅い野手とはどうしてもお互い気兼ねしてしまう部分があったように感じている。野手が一度も監督室を訪ねて来なかったのも、そんな理由があったからかもしれない。

例えば、試合中に時折選手たちを見回すと、ミスをしてしまった選手などは何ともばつが悪そうな視線をこちらに向けていることがある。ミスは不可抗力だしこちらとしては選手を責めるつもりはまったくないのだが、そうした選手の態度を見ていると、まだまだ意思疎通ができていないと感じてしまう。

一方で、田《た》村《むら》龍《たつ》弘《ひろ》とはよく配球について話し合うことがあり、何か疑問が生じると気軽に話をしに来る選手。彼は捕手なので、そうした姿勢はこちらとしても大歓迎だ。だが同じ捕手でも佐《さ》藤《とう》都《と》志《し》也《や》は遠慮がちで、なかなか話しかけてこない。

他にも益田《ますだ》直也《なおや》や澤村拓一などのベテラン勢がよく話しかけてくれるが、やはり若い選手たちは躊躇《ちゅうちょ》してしまう面があるようだ。監督と選手という関係ではなく一般社会においても、30歳近く年齢が離れてしまうと自分から話しかけるのは難しいだろう。そうした選手たちとの距離を縮めていくためにも、こちら側がもっと配慮していく必要があると思う。

またキャンプから対話を続けながらある程度把握できたと思っていた選手でも、シーズンが経過するにつれてまた別の側面を見せたりする。そうやって1年を一緒に過ごしてようやく選手の特徴が見えてくる場合もある。僕の選手との接し方もまだまだ完璧《かんぺき》ではないし、今後もそうした経験を生かして学んでいくしかない。

これからも積極的に選手たちと対話を重ね、彼らの意見、考えを聞いていくつもりだが、できればその場にコーチも一緒に加わってくれるのが理想的だと思う。さらに欲を言うならば、僕ではなくまずはコーチと選手で対話をしてもらい、そこでも解決できない場合に監督室で選手と1対1で話し合うという流れの方が、よりスムーズにチーム内の意思疎通が図れるだろう。

対話を続けながら主体性が芽生え始めた選手たち

まだまだ十分な対話ができているとは言えないが、少しずつ主体性を持ちながら取り組む姿勢を見せ始めた選手が現れている。

その1人が藤岡裕大《ふじおかゆうだい》なのだが、彼はすでに30歳でベテランに分類される選手なので、もう少し早くから主体性を持って行動できてもおかしくはない。


若手選手の代表格としては、茶谷健太《ちゃたにけんた》だろう。

以前の彼は人の後に付き従い、言われた通りのことをやるタイプの選手だったが、2022年シーズンから変わり始め、2023年の練習の仕方や行動を見ていると、自分の意見をしっかり伝えて行動できるようになっているのが見て取れるようになった。

茶谷に関しては、2022年のキャンプ中に接点があった。ピッチング・コーディネーターの僕にとっては管轄外の選手ながら裏から見ていて、しっかり自分を持っているのにちょっと押さえつけられているように感じたので、自分がMLB時代にやっていた客観的な日記を書くことを勧めていたのだ。

後で茶谷に確認したところ、僕の勧め通りに即実行に移したようで、毎日日記を認《したた》めることで自分自身を理解できるようになり、変わることができたようだ。僕が言うのも何なのだが、茶谷は大型ショートとして存在感を示し、一時は4番を打つなど、本当に驚くほどの変貌《へんぼう》ぶりを見せている。

個人的な願望を言えば、将来のロッテを背負う存在として期待されている安田や山口あたりに、1日も早く主体性を持って行動できるようになってほしいところだが、彼らはまだ自分のことをしっかり理解できていないように見える。自分は何ができるのかを分かっていないのでどうしても人の意見を聞いてしまい、自分の中で整理ができずに混乱していたように思える。特に安田に対し、そういう思いを抱いている。

安田や山口の潜在能力を考えれば、まだまだ飛躍してもらわなければならない。だがプロ野球全体を見渡しても、将来を嘱望されながらプロ入りした後に伸び悩んでいる若手有望選手は少なからず存在する。厳しい言い方になってしまうが、そうした選手がなかなか減らないのは、彼らを育ててきた指導者の責任だと思う。

勝利至上主義の中で育ってきた選手は、指導者の言葉が絶対で、自分で考えることを止め、指導者に言われたことしかできない選手になってしまう。だがプロで長年にわたり活躍できるような選手に育成していくには、主体性を持たせるということを避けて通ること

日記を書くことで自分を理解し大きな変貌を遂げた茶谷健太

はできない。ちなみに、僕個人としては、アマチュアの指導者のほうが、そういったコーチングを熱心に勉強している印象がある。

仮に1シーズンだけ活躍できるように仕向けるのであれば、お金で釣ったり、恐怖心を与えたりしながらやらせれば効果はあるだろう。だが選手のモチベーションという側面で考えると、お金や恐怖心だけでは持続させることはできない。在籍期間が限られている学生野球とは違い、プロではチームとして機能しないだろう。

今も一定の野球競技人口が維持できているアメリカならいざ知らず、競技人口の減少傾向が進行し続ける日本では、アマチュア期から選手たちのモチベーションを落とさないような指導をしながら、育成していくしかないはずだ。

昨今のMLBでは、大規模マーケットチームを中心に、勝つことだけを目指し大型投資で選手をかき集め、育成が二の次になっている。またデータ中心で選手のパフォーマンスをマネージメントするようになり、選手（中でも投手）の負傷者数が増加傾向にあり、マイナー選手を育成しなければならない小中規模マーケットチームにおいても、一部の主力選手を除き選手の入れ替えが激しく、選手寿命も短くなっている。それでも大量のマイナー選手を抱えているため大きな問題にはならない。

またマイナー選手が大量に存在しているにもかかわらず、国内外から毎年100人近い選手たちがプロの世界に飛び込んでくる。成長できない選手は自然淘汰《とうた》されるしかなく、マイナーで研鑽《けんさん》を重ねながら、主体性の重要性を理解したほんの一握りの選手たちだけがメジャーに到達できる世界だ。

だが日本の場合は人数的に足りないので、MLBのように「ダメだったら辞めていいよ」とはならず、プロ入りした数少ない選手を根気強く育成していかねばならないし、まだ成長途上の1軍半クラスの選手でも試合で起用していくしかない。そうなるとリーグ全体の底上げが難しくなってくる。そんな状況を打開するためにも、プロに入ってからも順調に成長していけるような選手を、アマチュア時代から育成できる体制が必要となる。その育成の根幹部分にしなければならないのが、主体性ではないだろうか。

安田や山口を含めた若手選手たちに関しては、彼らの中で気づきが芽生えるまで我慢強く対話を続けていかねばならない。

発想の転換の必要性

ここまで仰々しく書き進めてきたが、ここで紹介している僕の考えや意見がすべて正しいとは1ミリも思っていない。僕自身でさえ事あるごとに変化を続けているからだ。

あるエピソードを紹介しておきたい。

僕はつい最近まで、長年の投手コーチの経験から、投手陣はリリーフ投手さえしっかりしていればシーズンを戦えるという考えだった。ところが2023年にある野球経験者のアナリストが「先発投手の方が重要だと思う。試合の半分以上を投げるのは先発投手。試合や勝利への影響度は先発投手の方が高いはず」と真逆の意見を話してくれた。

確かに彼の意見は的を射ており、コンディション面をしっかり考えながら起用していかねばならないのは、リリーフ投手よりも先発投手だと気づかされた。まさに僕の中で目から鱗《うろこ》が落ちるというか、発想の転換が起こった瞬間だった。

僕は筑波大学大学院に進学し、そこでたくさんの研究者たちと交流し、現場の意見にとらわれず様々な角度から知見を広めていくことが重要だと学んだ。1つの意見、価値に固執せず日々発想の転換を繰り返し成長していくべきだと思っているし、それが現在の僕の根幹をなしている。

本書ではMLBに関する事例も紹介しているが、それらもほんの少し前までは非常識だと考えられてきたことばかりだ。だから、生きていく上で価値、意見が変化するのは人間として当然なのである。

僕は発想の転換を繰り返しながら、これからも変化していくだろう。だから僕は選手に対して教えるのを控えている。今の僕と数年後の僕がまったく違うことを伝えたら、選手は絶対に困惑するだろう。

教えることと、自ら興味を持って学び知見を広めるように促すことは、同じ指導でもまったく異なるものだ。この違いを理解することも、まさに発想の転換なのだと思う。

第4章

根拠のある起用

WBCを終えチーム合流後に抱いた不安

WBCは投手陣の活躍もあり3大会ぶりの優勝を決め、無事に侍ジャパンの投手コーチとしての役目を果たすことができた。帰国するチャーター便が早朝出発だったこともあり、クラブハウスでシャンパンファイトをしただけで、みんなが帰国準備に追われながら飛行機に乗り込んだ。そして日本に到着した後は、オープン戦の最終カードとなる中日ドラゴンズ3連戦を控えたチームが待つ名古屋《なごや》に向かった。

第2章に記したように、チーム離脱中もオンラインでコーチ陣とミーティングを積み重ねており、チームの状態はある程度把握していたつもりだったが、久しぶりにチームに合流してみると、野手陣に関しては「何にも分かっていなかった」と気づかされた。

この中日3連戦は0対1、0対1、2対8で3連敗を喫してしまい、3試合で計2点しか奪えないほど打線が停滞していたのだ。この3試合を含めオープン戦はコーチの意見を尊重しながら打線を決めていたのだが、3連敗という結果を受け、打順の決め方を含めあらゆる面でどうしたらいいかまったく分からない状態に陥ってしまった。

それと同時に、今後はコーチに任せきりにせず、相手投手との対戦データを照らし合わせながら、シミュレーションして打順を考えていかねばならないと感じていた。これを契機にして、世間から「日替わり打線」と言われるような打順を組み立てるようになった。

オープン戦の段階ならば、相手投手との相性を事前に見極めておけば、選手が打撃の調子を落としかねない投手との対戦を避ける起用法ができたはず。そういう判断も含めて失敗した感は否めなかった。

一方で、ここ数年のロッテ打線は決して強力だったわけではなく、元々多くの試合で大量得点を期待できるとは思っていなかった。僕の中ではそこまで大きな不安材料だとは考えていなかったし、改めて僕らは投手力と守備力で勝っていくチームだと確認することができた。多少、佐々木朗希頼みの面はあったものの、投手陣がしっかり投げてくれればチームに勢いがつくだろうし、打撃不振という悪い流れも変わっていくだろうと楽観視していた部分もあった。

シーズン開幕を迎えるにあたり、選手全員を集めてミーティングを行った。まず「みんなシーズンの準備はできましたか？」と確認した後、「これから勝ったり負けたりのシーズンが続く中で、いろいろなことが起きるとは思うけれど、その場面、場面で自分のできることに集中してやってください。勝敗の責任はこちらが取るので思う存分プレーしてほしい」と伝えた。最後はジョークのつもりで、NHK大河ドラマ『真田丸』の有名なセリフを用いて「各々、抜かりなく」と締めくくったのだが、残念ながらまったくウケなかった。

当然ながら、監督として、少しでも多くの試合に勝ちたいという気持ちは常に持っていた。ロッテのチーム状況を考えると、少ない得点を守り切るしかない。2023年もそんな野球になるだろう、と。

「勝つときは僅差《きんさ》で、負けるときは大差になる」

そんなイメージを抱きながらシーズン開幕に臨んだ。

開幕投手について

ただ、チーム成功のカギを握っていると考えていた投手陣に関しても、万全な状態でシーズン開幕を迎えられたわけではない。

まず、開幕投手として期待していた石川歩《いしかわあゆむ》が、コンディション不良で開幕絶望となったことが大きな誤算だった（結局2023年は1軍登板がないままシーズンを終え、自由契約の手続きを受けた後に育成契約を結びロッテに残留）。

また、WBCの準決勝に先発していた朗希を、開幕戦はおろか開幕シリーズに投げさせることはできない。そこで個人的に温めていたプランが、種市篤暉《たねいちあつき》の開幕投手起用だった。将来的にチームのエース投手に育てていきたいという構想もあったためだ。

ところが、種市は2020年9月にトミー・ジョン手術を受け、復帰を目指した2022年も1軍登板がわずか1試合に止《とど》まっていたことが不安視されたのか、コーチ陣から反対意見が出た。元々みんなで話し合いながら決めていこうと考えていた手前、僕のプランを押し通すことはせず、最終的に僕の中でも候補の1人だった小島和哉に開幕投手を任せることになった。

これまでと違った継投策の導入

これまで日本ハム、ソフトバンク、ロッテで投手コーチを務めてきた中で、僕はリリーフ投手の負担を減らすという観点から、勝ちパターンで起用する「チームA」と、それ以外で起用する「チームB」に分け、それぞれの投手の役割を明確にしてきた。

ところが最近のMLBでは、そうした役割分担を曖昧《あいまい》にして絶対的なクローザーも固定せず、試合状況に合わせて継投策を変えていく起用法が主流になっていることを知り、僕の中でこれまでの継投策に疑問を持つようになっていた。

簡単に説明すると、すべての試合で常に9回に重要な山場が訪れるわけではなく、試合の流れを考えると、「ここは抑えなければならない」という場面は9回以前にもあり、そこにチームで一番の投手を投入するという考え方だ。6〜9回の試合状況と対戦打者を考慮しながら、的確な投手を起用していく。

ドジャースへの野球留学中に、デーブ・ロバーツ監督や投手コーチ、データ専門のアナリストたちから継投策について聞かせてもらい、やはりMLBで主流になっている継投策の方が理想的だという結論に至った。

彼らの話を総合すると、理想的な形はクローザーを固定し、6〜8回にやって来る「leverage（効力）」を高めなければならない場面で、一番いい投手を投入するということだった。

また、ドジャースのリリーフ投手たちに、登板場面が読めない起用法に不安はないのか確認したところ、「最初は戸惑ったけど、慣れたら問題ないよ」と回答してくれた。そうした情報を得られたため、僕もこの継投策に取り組んでみたいと考えるようになっていた。

これには、ロッテがドジャースと似たような状況にあったことも背景にある。

ベテランの益田直也の代わりになる次世代のクローザーを育てていかねばならない時期

にあったし、2022年の益田はあまり調子が良くなかったので、開幕からクローザーを任せるのも厳しい状況にあった。シーズンを戦いながら徐々にクローザーを固定する予定でいたが、とにかく前半戦はデータを駆使しながら6~9回をうまく乗り切ろうと考えていた。

僕の感覚としては、特に6、7回が試合の勝負どころになってくるので、そこで最適の投手を投入する。そこを乗り切れさえすれば試合の流れも摑《つか》めると思うので、残りの投手たちで逃げ切れるだろうと踏んでいた。

この継投策は、日本ハム時代に栗山英樹監督が導入を考えていたものだったのだが、僕が真っ向から反対し、従来通りの役割分担をしっかりした継投策を採用した過去がある。今にして思えば、当時の栗山監督には本当に申し訳ないことをしたと思っている。

また、こうして自分が監督の立場になって考えてみると、当時の僕は何とも扱いにくいコーチだったのかもしれない。それでも侍ジャパンの投手コーチを打診してくれたことに感謝したい。

2023年は最後までこのMLB流継投策を採用していたのだが、残念ながら選手たちは最後まで戸惑っていたように感じている。コーチ陣にとっても新しい起用法で慣れていない部分があった上、僕とコーチの間でしっかり意思疎通もできていなかった。その影響で選手たちをうまく仕切れなかった面があったように思う。これも2024年の課題の1つだ。

データをフルに活用する最新のMLB流戦術

ロッテには以前からデータ分析アナリストが複数人在籍しており、様々なデータを用意してくれていた。僕が監督になり、間違いなくこれまで以上にそれらのデータを戦術に活用する機会が増えたと思う。

ZOZOマリンスタジアムには、MLB全球場に備えられている「ホークアイ」（最新鋭のトラッキングシステム）が設置されており、ロッテだけでなく相手チームを含めた試合中のあらゆるプレーをデータ化している。それらをアナリストたちがまとめ、データが我々指導陣の手元に届くようになっている。僕はこのデータを参考にしながら、打線の組み立て、継投策、代打などの選手交代を決めるようにしていた。

ちなみにホークアイに関しては、NPBでも設置するチームが年々増えており、現在では多くのチームがMLBに匹敵するような大量データを得られる環境が整いつつある。またホークアイにより、各投手の変化球の曲がり率や各球種の回転数、回転軸等もデータ化できるので、ピッチングの改善にも活用するようになっている。またアナリストの中にはバイオメカニクスの専門家もいるので、投手とコーチの間に入ってもらうようにもしている。

開幕3連敗からの逆襲

2023年のシーズン開幕戦は敵地の福岡PayPayドームで迎えたが、中日3連敗の悪い流れが続いてしまい、0対4、0対7、3対5でソフトバンクに3連敗を喫した。このカードも3試合で3得点に止まり、打線はやはり深刻な状況だった。

守り切る野球を標榜《ひょうぼう》したところで、肝心の点が入らないと試合に勝つことはできない。開幕戦で小島の交代時期を見誤った点はあったが、3試合中2試合を完封されてしまっては手の施しようがなかった。

開幕3連敗を喫してしまい、報道陣の前でどんな言葉を発したのかまで正確に憶《おぼ》えているわけではないが、選手たちに「勝敗の責任はこちらにある」と伝えているように、3連敗は僕の責任。敗戦に関連して選手について言及してしまえば、彼らに責任を負わせてしまうことになる。監督として「勝利したときは選手を称《たた》え、負けたときは自分が責任を取る」という姿勢を忘れることはない。

当然すべての試合を勝ちにいっているので、3連敗はショックだった。ただ、打撃不振でも3戦目でソフトバンクの東浜巨《ひがしはまなお》を相手に3点を挙げることができた。また先発陣に関しても、朗希と、オープン戦で調子が良かった西野《にしの》勇士《ゆうじ》を残していたので、次のカードは何とかなるのではないかと前向きに捉えていた。

また、負け試合だったこともあり、お試し的な意味で起用したリリーフ投手も含まれ、それがうまくいかずに追加点を許したケースもあった。結果的にこの3連戦でベンチ入りしていたリリーフ陣をすべて投げさせることができたので、投手陣についてはほとんど心配していなかった。

キャンプから実施していたチーム内で共有するレポートは、1軍では僕だけがシーズンに入っても継続していたが、3連敗中もそれぞれレポートを提出している。

内容を少し紹介すると、第2戦後は打撃不振に陥っていた若手選手たちを今後も我慢して起用していく方針を示し、得点できた第3戦後には、打線については積極的に振っていけば必ず結果に繋《つな》がるだろうと評価し、また投手陣については、大量得点が見込めないというプレッシャーから、1点を惜しんで大量失点するケースが見られたので、自分のできることに集中してもらいたい、とまとめている。

また第3戦の開始前に、打撃不振が最も顕著だった山口航輝を監督室に呼んでいる。いつも通り僕は聞き役に徹し、山口に現状について話してもらった。そして最後に「思い切ってやりなさい」と声をかけている。

記念すべき初勝利は、意外に早く訪れた。

ソフトバンク3連戦後に日本ハムとのホーム開幕戦で、先発した西野が初回に3失点する出だしとなったが、この日は打線が奮起し4回に逆転に成功。6回以降は継投策で逃げ切るという、僕が思い描いていた勝ちパターンで、6対4で勝利を飾ることができた。

その後も日本ハムに2対1、6対1と連勝。開幕3連敗を振り出しに戻すことができ、「何とか戦っていけるだろう」という思いを抱いた。

続く東北楽天ゴールデンイーグルスとの2連戦にも連勝し、開幕3連敗からの5連勝。4月（3月の1試合を含む）を14勝10敗と勝ち越すことができた。リリーフ陣では益田、ルイス・ペルドモ、西村天裕、坂本光士郎らが頑張ってくれたので、MLB流の継投策で逃げ切る体制を整えられる状況になった。

思考停止に陥った荻野貴司の戦線離脱

ただ、日本ハムに3連勝したものの、チームにとって大きなアクシデントも起こっている。4月6日の試合で、不動のリードオフマン・荻野《おぎの》貴司《たかし》が5回の第3打席でツーベースを放った際、走塁時に右太ももを負傷し途中交代してしまった。試合後のレポートに「試合中に思考が止まるほどショックだった」と認《したた》めるほど衝撃を受けた。チームの看板選手であり、打線の中で最も信頼できる荻野の早期離脱は、さらなる打線の弱体化を意味する。翌日に肉離れと診断され長期離脱が決まり、打撃陣の不安を強めることとなった。

荻野を失った後は、何とか若手選手たちに奮起してもらうしかない。荻野に代わって1軍に上がってきた平沢大河《ひらさわたいが》を、4月8日の楽天戦でさっそく先発起用した。プロ入りしてからずっと打撃に苦しんでいる平沢が、荻野の穴を埋めるのは難しいと思う一方で、荻野が戻ってくるまで平沢ら若手選手が何とかしてくれないと試合にならない状況だった。

この試合は8回に楽天に逆転された後、その裏に同点の走者が出た場面で、安田尚憲、佐藤都志也、そして平沢に打順が回ってくる展開となった。本来なら3人のどこかで代打を送る場面だったが、敢えて打席に送り出した平沢が逆転本塁打を放ち、4連勝を飾っている。

多少、破れかぶれな起用ではあったが、それは彼らに対する期待の表れでもある。あの本塁打はチームにとってかなり大きかったし、若手選手を我慢強く使い続ける重要性を認識できた瞬間だった。

シーズン前半戦は勝ったり負けたりを繰り返すだろうと予想していたので、山口、安田、藤原恭大の3人の若手選手を含め、開幕から先発出場した選手は、成績に左右されることなくしばらくスタメンで起用し続けることを決めていた。

新加入のグレゴリー・ポランコも開幕からさっぱり打てない状態が続いていたが、簡単にスタメンから降ろすべきではないと考えていた。また中村奨吾もかなり厳しいスタートを切っていたが、キャプテンとして毎試合グラウンドに立つべき存在だと考え、スタメンから外そうとは思わなかった。

だが荻野を失い、ますます何らかの工夫をしないと勝てない状況になった。先に記した

平沢大河は見事に起用に応えてくれた

ように、常にデータと睨《にら》めっこしながら打順の入れ替えを模索し続けた。

試合中に携行しているペーパーの正体

ロッテの試合を観戦したことがある人なら、ベンチにいる僕が常にペーパーを携行し、時折メモしている姿を目撃しているかもしれない。

サッカー日本代表の森保一《もりやすはじめ》監督が試合中にメモを取る行為が「森保メモ」と呼ばれ、どんな内容が書かれているのか注目を集めたりしていた。僕のメモ書きについて種明かしすると、何か重要なことを書き込んでいるわけではなく、試合が終われば見返すこともなく廃棄するような内容のものだ。どんなことを書き込んだのかも憶えていない。

肝心なのはメモの内容ではなく、常に携行しているペーパーの方だ。あのペーパーこそがアナリストたちがまとめてくれているデータで、僕が戦術を組み立てていく上でフルに活用している。

ペーパーにはメンバー表と各選手のデータが記載されており、野手に関しては相手投手に対する予測ＯＰＳ（出塁率と長打率を足したもの）、三振率、四球率、ゴロ率、そして投手の場合は相手打者に対する予測ＯＰＳ、三振率、四球率、ゴロ率が並んでいる。

時折メモしているのは、試合の流れを見極めながら考えた作戦の流れを忘れないように、次に登板させたいと考えている投手に印をつけたり、試合中に気づいたことを書き込んだりする程度で、取るに足らない内容なのだ。

それよりも僕の中で大切だったのは、試合後に監督室で行う振り返りだった。あくまで僕個人のものと、チーム全体で共有するレポートの2つに分け、ｉＰａｄに入力するのが日課だった。

個人の振り返りはあくまで僕が確認すべきもので、自分の感情を交えながら試合を見つめ直している。例えば「ベンチの対応が遅れてめちゃくちゃ腹が立った、そのため多少頑固になってしまい、投手起用が遅れてしまった」というような内容で、他人と共有すべきものではない。ただ、以前の内容を時折チェックすることはあるが、なかなか面白いことが記されていると思う。

それとは別に、チーム内で共有するレポート用に、客観的に試合を振り返ってまとめるようにしていた。この2つの作業を行うことで、僕の中で試合ごとに整理がついていたのだと思う。

これは、投手コーチ時代に選手たちに促していた振り返りの応用編のようなもので、選手ではなく自分自身に対してやっていること。選手たちが考え、意見を伝えることで気づきを得られるのと同様に、自分でそのときの考えや感情を言語化することで、後からいろいろな気づきを得ることができる。自分へのフィードバックだと考えている。

試合後のコーチ陣とのミーティングが終わった後、監督室に戻って1時間くらいかけてこの作業を行っていたので、選手、コーチ、スタッフを含め球場を離れるのはいつも僕が最後だった。

日替わり打線になった背景

データを活用しながら、どのように先発メンバーを選んでいたのか説明していきたい。

まず僕の中では、打順を決める前に、守備位置で先発メンバーを選んでいた。その際、相手先発投手に対する各打者の予測OPSをチェックしながら選ぶようにしていた。

守備位置に関しては、レフトに入る選手が入れ替わるので、まず右打者、左打者のどちらを起用するのかを考える。次にショートも、藤岡裕大と友杉篤輝《ともすぎあつき》を併用していたので、体調を考慮しながらどちらをスタメンにするか決めていた。

捕手に関しては先発投手との組み合わせで考えていたので、次回登板予定の先発投手により捕手を決め、1人の捕手に偏らないようにバランスよく起用することを考えていた。そして守備位置ですべての先発メンバーが決まってから、打順を考えるという流れだ。打順を決めていくときも参考にしているデータは予測OPSだ。

相性とか過去の対戦データは母数（対戦した回数）によってかなり変わってくるので、個人的にあまり参考にならないと考えている。ならばアナリストがまとめてくれる予測OPSを信頼した方がいいというのが僕の考えだ。

MLBで、少し前から打者の指標として最も重要視されているのがOPSだ。僕も打順を決める際、打率よりもＯＰＳの方が重要だと考えている。ＯＰＳには出塁率も反映されているので、より効果的な選手を選択できる。

参考までにチーム打撃に関するデータ比較を紹介しておきたい。

２０２３年のロッテのチーム打率は２割３分９厘でリーグ４位だったが、出塁率に関してはチーム打率リーグトップの２割５分０厘を記録したオリックス・バファローズと同じ３割１分１厘だった。両チームの差は長打率（オリックスが３割６分９厘でロッテが３割５分４厘）ということになる。それだけＯＰＳは打線を見極める上で重要なデータだと考えられるわけだ。

ロッテの野手の実質ＯＰＳはかなり低く、７割を超えればかなり優秀な部類に入ってくるので、アナリストの予測ＯＰＳで８割を超えるような選手がいれば、優先的に先発起用するようにしている。

ＭＬＢでは予測ＯＰＳの高い選手を上位に並べるのが一般的だが、ロッテの場合はそう単純にはいかない。僕も基本的には予測ＯＰＳの高い選手を上位に並べたいと思っているのだが、そうなると下位打線がうまく機能しない可能性が生じるのだ。

そのため最後は、作戦コーチの金子誠の意見が重要になってくる。彼は僕が考えた打順プランについて「この並びだとここでバントが使えなくなりますよ」とか「ここは打つのを待つしかなくなりますよ」などと指摘してくれ、より効果的に機能すると考えられる打順を組み立てていった。

金子との最終調整は試合後のミーティングで行っていたので、その前に翌日の先発メンバーは決めておかなければならない。試合の後半あたりから、イニングの合間などにちょっとした時間的余裕ができれば、翌日の先発メンバーに思考を巡らすこともあった。


また先発メンバーや打順の組み立てに留まらず、試合中の選手交代を含め、選手が納得していないようならばきちんと説明するよう心がけた。2023年の目標の1つとして、「根拠のある起用」を目指していた。起用に納得できなければ選手のモチベーションを下げかねないので、監督として選手にしっかり説明できる明確な根拠を持つべきだと思う。

仮に選手が直接聞きに来なくても不具合が起きないように、メディアに起用法の根拠、意図を説明することもある。彼らを通じて選手に伝わることもあると考えての対応である。

また、これまでロッテは、試合の勝敗に関係なく、試合後は一列に並んでファンに挨拶《あいさつ》をしていたのだが、僕の判断で勝利したときだけに変更した。さらに一列に並ぶのではなく、ハイタッチをするためにグラウンドへ出た流れで、そのままファンに手を振ることにした。球団はこれまで通り勝敗にかかわらず並んで挨拶をしてほしかったようだが、負けた後に選手にそんなことはさせたくなかったし、負けた後ならファンも見たくないだろうと判断した。

若手選手だけを集めたミーティングの真意

シーズン開幕直前のミーティングを「各々、抜かりなく」と締めくくり選手をシラけさせて以降、基本的には選手全員を集めることはしなかった。定期的なミーティングは不要だと考えていたし、日々の対話である程度の意思疎通ができると思っていたからだ。

だが、6月30日に、シーズン2度目のミーティングを実施した。このときのミーティングは選手全員ではなく、若手選手のみを集めたものだった。

日々選手の様子を観察していく中で、若手選手たちが、打撃の際にファーストまでの全力疾走を疎《おろそ》かにしていたり、試合前の国歌斉唱はベンチ前で聞くことになっているのに、ベンチ裏にいて出てこなかったりする場面に遭遇するようになった。そうした仕草から彼らが開幕当初に見せていた新鮮さが薄れ、ちょっと中だるみしているように感じたので、彼らを集めて確認しようと考えた。

ここでも選手たちにこちらの考えを一方的に伝えるのではなく、「開幕直前の気持ちはどんなんやったん?」とか「今はどうなん?」と彼らに投げかけ、それに答えてもらう形で自ら気づくように心がけた。

ちなみに長いシーズンを戦っていると、若手選手に限らず気が緩んだり、緩慢なプレーが出てしまったりすることがある。時にはコーチが「あれを許したら示しがつかない」と問題視することもあった。

だが僕は、その場で叱責《しっせき》したり、懲罰目的で途中交代させたりすれば、チームの雰囲気がさらに悪くなると考えていたので、懲罰めいたことは一切しなかった。コーチにも僕に一任してもらい、そうした選手は監督室に呼んで個別に話すようにしている。

これ以降も何か選手に伝えなければならないと感じたときだけ、要所でミーティングを行った。後で確認して判明したことだが、ミーティングを行った日の試合は、ほぼすべて勝利を飾っている。

選手に主体性を持ってほしいと願っている一方で、シーズンを通して選手任せでモチベーションを保たせるのは難しいとも思っている。僕のスピーチは下手くそだと自覚しているが、下がり気味になった選手のモチベーションを戻すためにも、時にはミーティングは有効だと考えている。

佐々木朗希の立ち位置

シーズン開幕から打線の不振が続き、当初の構想通り投手力と守備力で、守り勝つ野球に活路を見出《みいだ》すしかないという思いを強くする中、シーズン序盤から先発、リリーフ陣ともに頑張ってくれた。先発投手陣が期待通りのイニングを投げ続けてくれれば、リリーフ投手も効果的に回すことができるので、そうそう崩れることはないと考えていた。

先発投手陣に関しては、侍ジャパンにも選出された朗希は周囲の期待もかなり大きかったが、僕の中ではダルビッシュ有や大谷翔平とは違い発展途上の投手の1人だった。ダルビッシュや大谷なら、試合を託せば放っておいても7~8イニングは投げてくれるが、朗希はまだ登板によって何イニング投げられるか分からない投手。故障させるわけにはいかないし、常に継投のタイミングを考えながらマウンドに送り出していた。

2023年に関しても、球数とイニング数の制限を設定しながら、中6日で1年間ローテーションを回り、できれば6イニングを投げてほしいというのが当初のプランだった。それだけに後半戦開始早々の負傷離脱はショックだったし、僕の判断ミスがなければ回避できたかもしれないので、今も悔いが残っている。詳細については次章で触れたいと思う。

シーズン開幕から小島、種市、美馬学《みまなぶ》、西野、C.C.メルセデス、朗希らの先発投手陣が踏ん張ってくれてはいたが、球数制限なしで長いイニングを投げられるのは小島1人だけだった。

開幕から調子が上がらない美馬や、トミー・ジョン手術からの復帰を目指す種市の登板間隔を空けるため、森遼大朗《もりりょうたろう》も先発起用していたが、まだ1年間ローテーションを守れる投手ではなかった。また2021年まで先発投手だった岩下大輝《いわしただいき》は、当時非公表にしていたが胸椎《きょうつい》黄色靱帯《じんたい》骨化症を発症し、長いイニングを投げられない状態だった。

そのため、シーズン後半戦に入ったら先発ローテーションが苦しくなると考え、4月の段階ですでに先発候補を模索し始めていた。

うまく機能しなかった中森俊介の先発起用

その先発候補の1人が中森俊介《なかもりしゅんすけ》だった。

中森はシーズン開幕から1軍のリリーフ陣に入っていたが、後半戦の先発要員として期待していたため、4月17日に登録抹消し、2軍で先発投手の準備をしてもらっていた。

その後、8月に1軍に戻し、23日のソフトバンク戦、9月3日の楽天戦で先発登板してもらったのだが、うまく機能せずリリーフに戻ることになった。「たら・れば」の世界になってしまうが、もし中森があのまま先発投手に留まってくれたなら、シーズン終盤の絶望的な先発投手不足はもう少し改善できていたかもしれない。

シーズン後半戦で先発投手が足りなくなるという危機感はかなり強く、2軍に要請して中森以外にもいろいろな投手を先発起用してもらっていたのだが、残念ながらその中から1軍で先発できそうな投手は現れなかった。

リリーフ投手の起用法

継投策については、役割分担をせずに、試合の重要局面で最も効果的な投手を投入するMLB流を採用したことはすでに述べた通りだが、すべてのリリーフ投手をオーバーワークさせず、バランスよく回していくという点も従来通りに意識した。

過去の登板状況を確認しながら投手コーチと相談し、ブルペン入りする投手すべての登板可否を試合前に決めていた。登板可能なら◯、可能な限り登板回避は△、完全休養は×

に振り分け、投手たちに伝えていた。

そのためブルペン登録は毎試合8人いるものの、試合によって起用できる投手は変動していた。これを徹底しないと、リリーフ投手を潰《つぶ》してしまいかねない。


実際に、2023年に3連投した投手は澤村拓一の1人だけで、しかも、10月のCSの一度きりだ。残りのリリーフ投手は登板間隔を空けながら起用するように徹底していた。

ちなみに澤村の3連投は、彼から直訴してきたものだ。CSは先発投手が足りずブルペンデー（先発ローテーションの谷間に試合開始からリリーフ陣の継投で乗り切る）をせざるを得なくなり、自分の意思で大変な役目を引き受けてくれた。


話の流れで、ブルペンデーにまつわるエピソードを紹介しておきたい。

5月に中2日（18日と21日）で2度もブルペンデーという事態を招いている。この時期は朗希がマメを潰してしまい登板を回避していたのだが、予定していた復帰登板日に朗希が間に合わず、別の先発投手を用意できなかったための緊急措置だった。

こちらの見通しの甘さと準備不足により、リリーフ陣にすっかり迷惑をかけてしまったが、それでも彼らの踏ん張りで2試合とも勝利することができた。4月から、シーズン後半戦に向け先発候補を模索し始めたと説明したが、すでに5月の段階で先発投手不足が表面化していたわけだ。

5月は伏兵・池田来翔が起爆剤に

5月最初の楽天3連戦で1勝2敗と負け越した後、2軍からの強い推薦があり、大卒2年目の野手・池田《いけだ》来翔《らいと》を昇格させたところ、2軍からの報告通りの好調ぶりを発揮してチームを勢いに乗せてくれた。

昇格した6日のソフトバンク戦で2番を任せたところ、さっそく安打を記録。直後の埼玉西武ライオンズ3連戦にはすべてで1番に抜擢《ばってき》すると、14打数5安打の活躍でチーム3連勝の立役者になってくれた。池田は固め打ちが期待できたし、試合の立ち上がりにいきなり長打を打ってくれるなど効果的な安打も多かった。

その後も定期的に1番で起用し、5月は3割7分3厘の高打率を残してくれた。

コーチ陣の反対を押し切った茶谷健太の4番起用

シーズンを通して打順を考える中、僕の中で満足感が残っているのは、茶谷健太の4番起用になると思う。

茶谷に関しては、シーズン開幕当初から一度4番で試してみたいと考えていたのだが、何度かコーチ陣に打診したもののずっと反対され続けていた。

2023年のシーズン終盤は、ポランコをほぼ4番に固定していたが、実は僕の中にある4番打者像は、「打線の軸になる大砲」という従来のイメージとはかなり違っている。そのため、日替わりでも構わないから、予測OPSの高い打者を上位に並べようと考えていた。

2022年まで1軍では1本しか本塁打を記録していない茶谷に、長打を期待するのは難しい。ただデータをチェックする限り、特に走者を置いた場面での勝負強さを感じていた。彼を4番に置くことで、走者を進める打撃でチャンスを広げてくれそうな可能性に魅力を感じていた。

打順に関してもコーチ陣と話し合いながら決めていく方針を示している手前、基本的に自分の意見を押し通すことはしてこなかったが、1回だけでいいからと茶谷の4番起用を押し切ったのが5月17日のオリックス戦だった。

プロ野球人生初の4番に入った茶谷だったが、気負うことなく2打席連続適時打を放ち、見事にこちらの期待に応《こた》えてくれた。

茶谷の4番起用はこの1回のみに終わったが、旧習にとらわれずチーム状況に適した打線を組み立てていくことは、決して間違っていないと実感できた出来事だった。

安田尚憲の驚異の粘り腰

前述したように安田、山口、藤原の若手3選手はしばらくスタメン起用していく方針だったが、4月30日に左太ももの負傷で山口が、5月17日に右太ももの負傷で藤原が登録抹消され、安田1人が残った。

藤原の負傷は疲労によるものだった。16試合連続でスタメン起用した結果、両脚にハリが出て肉離れを起こしている。これを機に藤原の体力不足という側面と、野手の運動量と体調管理の難しさを確認できた。

安田の場合、山口ほどの打撃不振ではなかったが、将来の主軸打者として期待がある分、物足りなさを感じてしまう。何とか彼に火をつけようと打順を下位に回したり、スタメンから外したりするなど刺激を与えてみたのだが、こちらが期待するような効果は表れなかった。

ただ安田の不思議なところは、こちらが我慢の限界に達し、2軍降格を検討せざるを得ない状況になると、代打でしっかり結果を出すのだ。それが僕の中に強烈なイメージとして残っている。

安田本人が自分の置かれた状況を理解しているとは思えないが、結局彼は9月にインフルエンザ発症により特例で抹消された以外は、ずっと1軍に残り続けた。土俵際の力士並みの驚異の粘り腰を発揮した。

ちなみに、監督として普段からチームのことを考えている影響なのか、時折野球の夢を見ることがある。なぜか高い確率で登場するのが安田で、しかも彼がミスをする光景ばかりが記憶に残っている。

安田の夢を見たら常に本人に伝えている。これも大事な選手とのコミュニケーションツールである。その甲斐あってなのか、僕が安田に夢の話をした日は、必ずといっていいほど活躍しているように思う。まだサンプル数が少ないのでこれをジンクスと呼んでいいのか定かではないが、今後も安田の夢を見たら必ず本人に伝えるつもりだ。

安田以外だと、小島もしばしば夢に現れる。

交流戦でつまずいた理由

5月に入ってもチームは順調に勝利を積み重ね、25勝15敗2分のパ・リーグ首位として、5月30日から交流戦に突入した。

初戦となった読売ジャイアンツ戦には2対1で勝利できたものの、そこからジャイアンツ、阪神タイガース、東京ヤクルトスワローズを相手に引き分けを挟んで5連敗を喫した。それ以降は何とか持ち直したものの、交流戦は7勝9敗2分と負け越し、全体の8位で終えることになった。

これは僕の中で、ある程度想定内の出来事だった。対戦チームがセ・リーグに変わったということではなく、6月に入り投手陣がへばり気味になっていたためだ。僕も経験しているが、どんな投手でも、長いシーズンを戦う中で、同じコンディションを維持することはできない。4月から休みなく投げ続ければ、6月くらいにどうしてもコンディションの谷間を迎える選手が出てきてしまう。

そのため交流戦では、先発投手が打ち込まれるケースが多くなっていたし、リリーフ投手にも疲れの色が見えていた。前述したように5月は中2日で2度ブルペンデーがあったことも、彼らを疲れさせる要因になっていたかもしれない。

できれば調子が落ち気味の投手陣を、打撃陣にフォローしてほしかったのだが、打撃陣の頑張りではまかなえないくらい投手陣が失点するケースが増え、チームが勝てない状況に陥ってしまった。

元々先発投手はコマ不足状態だったので仕方がない面はあるが、リリーフ投手は少しずつ入れ替えながらやりくりしていた。開幕からフル回転していた坂本光士郎も7月3日に休養目的で登録抹消している。

開幕から頑張ってきたリリーフ投手たちが疲れ気味の中、途中で1軍に合流した東妻勇輔《あづまゆうすけ》や横山陸人《よこやまりくと》らが奮起してリリーフ陣を支えてくれたので、決して悪い面ばかりではなかった。

東妻は5月5日に1軍に上がってきたのだが、その2日前に鈴木昭汰《すずきしょうた》も1軍昇格を果たしていた。2人とも2軍の試合でかなりの三振を奪う投球をしている中、推薦されたのが鈴木だったため、彼が先に昇格することになった。

ただ彼らの奪三振を詳細にチェックしてみると、鈴木の三振は「見逃し」が多く、東妻の三振は「空振り」が多かった。長年の経験上、見逃し三振より空振り三振を奪える投手の方が調子はいい。実際に東妻に代わって2軍に落ちたのが鈴木で、東妻はしばらく1軍で投げてくれた。

そうしたデータの細かい部分の見極めが必要であることは、2軍コーチ陣にも伝えた。その後、鈴木はシーズン後半戦で再昇格を果たし、いい仕事をしてくれた。

シーズン全体で見れば、選手のコンディションが上下するのは仕方がないこと。落ちることもあれば上がることもある。投手陣の疲労も必ず改善していくものだと分かっていたし、交流戦の負け越しはあまり心配していなかった。

チームの雰囲気を変えてくれた石川慎吾

依然として荻野の戦線離脱が続く中、7月に入ってすぐに、巨人からトレードで石川慎吾《いしかわしんご》がチームに加わった。彼が加入してからチームの雰囲気が明るくなったと思う。

期待していた打撃面でも仕事をしてくれた。デビュー戦となった7月6日の西武戦に、同点となった8回に代打で出場。しっかり安打を放ち出塁している。その後も代打、スタメン外野手を任せる中、8試合連続安打を放ち打線を勢いづけてくれた。

巨人からトレードで加入した石川慎吾の明るさ、勝負強い打撃には何度も救われた

とにかく石川は大事なところで打ってくれたという印象しかない。その後もムードメーカーとして最後までチームを支えてくれた。シーズン終盤は角中勝也《かくなかかつや》、岡大海《おかひろみ》とともに本当に頼りになるベテランだった。

ちなみに荻野は7月25日に復帰するのだが、復帰後の彼は明らかにスピードが落ちているように見えたし、打撃も彼本来のものではなかった。本来ならロッテの看板選手としてフル回転してもらいたいところだが、万全の状態ではない彼の起用法はむしろ難しかった。

前半戦の好調を支えた目に見えないプラス要因

前述したように、交流戦でややつまずいてしまったが、オールスターまでのシーズン前半戦を42勝32敗4分、オリックスに3・5ゲーム差のリーグ2位で折り返すことができた。

周りからは「首位争いが……」とか「ゲーム差が……」など順位争いについて尋ねられることも少なくなかったが、僕はシーズン途中の順位争いなどまったく意に介していなかった。順位はシーズン後半戦に入ってから考えればいいことで、それまでは目の前の試合を1つずつ勝っていくことに集中すればいいと思っていた。

僕の中にあった青写真では、勝負どころはあくまでシーズン後半戦。前半戦を勝率5割前後で折り返すことができれば、後半戦で勝負できると思っていた。前半戦はその点を意識しながら戦っていた。

前半戦でこれだけの成績を残せたのは、選手みんなの頑張りのお陰だ。中でも打線の調子がなかなか上がってこない中で踏ん張ってくれた先発投手のお陰であり、新たな継投策に対応してくれたリリーフ投手のお陰だった。

前半戦の先発投手陣は小島が中盤で多少失速気味だったが、朗希、西野、種市が安定した投球を続けてくれた。それ以上に頑張ってくれていたのがリリーフ投手で、みんな大きな失敗をすることなく乗り切ってくれた。また投手陣に大きな故障がなかったことも大きかったと思う。

ただあまり目立つことはなかったが、野手もしっかり貢献してくれていた。チームの戦略、戦術の振り返りや、チーム状況を確認するために、アナリストから2ヶ月ごとに各種データをまとめてもらっていたのだが、ロッテの走塁はプラス評価になっていた。

　走塁と言っても単に盗塁を指すのではなく、走者がどの程度の割合で次の塁に進塁できているのかも含まれている。なかなか表には出てこない部分だが、攻撃面では重要なファクターだ。ちなみに2023年のロッテの盗塁数はリーグ4位タイの73だったが、盗塁成功率7割8分5厘はリーグトップだった。


　進塁の話題が出たので、関連性が高い送りバントについても少し触れておきたい。

アナリストからはノーアウト一塁でバントをしない方がいいと説明されており、僕も彼らの考え方に納得していた。だがロッテ打線の状況を鑑みた結果、バントのサインを出すことが多くなってしまった（2023年の犠打数116はリーグ2位）。

作戦コーチの金子も、ロッテ打線を考えれば確実に進塁させるべきという意見だった。

初回だけは大量得点を奪うビッグイニングを期待して、バントのサインを出さないと決めていたのが、残念ながらそれも思い通りにはいかなかった。

ロッテ打線のように単打が多いチームだと、どうしても進塁を優先する戦術を取る機会が多くなる。上位打線の長打が増えるようになれば、送りバントをするケースはかなり減っていくだろう。

第5章

土壇場で奇跡を起こす力

気づきながらも回避できなかった佐々木朗希の負傷

シーズン開幕当初から、勝負どころだと考えていたシーズン後半戦を迎えるにあたり、前半戦の最終戦となった7月17日の楽天戦で、選手を集めてミーティングを行った。このときは何か特別なことを選手に伝えたかったというよりも、後半戦に臨む前に、もう一度選手たちに自分のやれることを確認してもらうためだった。

後半戦の開幕カードはソフトバンク3連戦だった。5対2、4対3、2対1と、この3試合をすべて接戦で制し3連勝を飾ることができた。

だがその一方で、大きすぎる代償を支払うことになった。

第3戦に佐々木朗希を先発させたのだが、6回を投げ終わってベンチに戻ってきた際、最後の打者に投げたときに左脇腹がピリッとしたと報告してきた。すでに93球を投げ、いずれにせよこのまま交代する予定だったので、試合そのものに影響はなかった。だが試合が終わる頃には歩けないほど痛みが出ていると知らせを受けた。その瞬間「2ヶ月はダメだな」と長期離脱を覚悟するしかなかった。後で朗希に確認したところ、本人もフォームが崩れていたことを認識していたらしい。

実は、朗希がオールスターで投げる姿を見て、彼の変化に気づいていた。普段とは違い上半身だけで投げているように見えていた。今にして思えばあれが疲労の兆候だったのかもしれないが、オールスターでは1イニングしか投げなかったし、後半戦を戦っていく上でソフトバンク戦に朗希が投げてくれると、その後のローテーションが楽になるという思惑もあった。

後になってから、もう1日空けるべきだったとか、5イニングで交代させるべきだったとか反省する部分はあるが、中4日でも投げられる状態だったし、球数を考えても無理をして6イニングまで続投させたわけではない。この故障に関しては未然に防ぐのは難しかったように思う。

トミー・ジョン手術から復帰した種市篤暉に関しても、そろそろイニングを制限しなけ

オールスターでの佐々木朗希の変化には気づいていたのだが……

ればいけない時期だと考えていた矢先に、右肘《ひじ》の炎症を起こし戦線離脱させてしまった。もう少しこちらの判断が早ければ、違った結果になっていたかと思うと、やはり悔しさが残る。負傷した両投手には「気づいていたのに、ごめんな」と直接謝罪している。

先発ローテーションの核となる投手の1人だった朗希の戦線離脱を機に、先発投手陣は間違いなく緊急事態に陥った。そしてこの日を境にして、チーム状況は悪化の一途を辿《たど》っていった。

歯車が狂い始めた8月

朗希が離脱した後の先発投手陣について説明すると、中6日のローテーションで、球数制限なしで長いイニングを期待できるのは相変わらず小島和哉ただ1人。ルイス・カスティーヨと西野勇士は中10日以上空けないと投げられず、C.C.メルセデスと美馬学は後半戦に入っても調子が上がらず、なかなか試合をつくれない投球が続いた。

そのため種市に余裕を持った登板間隔を与えられなくなり、なおかつスポットで先発させていた森遼大朗の登板機会を増やすことで朗希の穴を埋めていくしかなかった。先発ローテーションを回すことで手一杯の状態で、各投手のコンディションや投球内容に注意を向けるゆとりがなくなっていたのかもしれない。

先発投手陣がこれだけ厳しい状況になると、そのしわ寄せはリリーフ陣が被《かぶ》ることになる。朗希を失った7月25日以降は大量失点する試合が明らかに増えていった。投手力と守備力で逃げ切るという、ロッテが標榜《ひょうぼう》する勝ちパターンの実現がどんどん難しくなっていった。

また、朗希の離脱が直接的な原因とは考えにくいのだが、8月に入ると野手の拙守も目立つようになった。僕の中ではあまり打ち込まれたという感覚はないのに、試合には負けてしまう。本当に嫌な負け方だった。

結局8月は、11勝15敗1分の成績で負け越し。朗希が離脱した7月25日時点で首位オリックスとのゲーム差はわずか3だったのだが、ロッテとは裏腹にオリックスは快進撃を続け、8月31日には9・5ゲーム差まで広げられてしまった。チーム内にも負ける度に諦《あきら》めムードのような雰囲気が出てきていたように思う。

山本由伸にノーヒットノーランを許す

9月に入っても悪い流れは一向に改善する様子はなかった。楽天3連戦（1勝2敗）、ソフトバンク3連戦（1勝2敗）の後に控えていたオリックス3連戦（初戦が雨天中止となり実際は2連戦）は、当時のチーム状態を象徴するような試合だった。

まず第1戦先発の山本由伸にノーヒットノーランを達成されてしまう。チーム状態が悪かったこともあり、ベンチから彼の投球を見ていて、3回くらいから嫌な予感はしていた。だが、実際に大記録を達成される側になればショックは大きいものだ。

第2戦は3イニング限定ながら朗希がようやく復帰登板したが、ここでも宮城《みやぎ》大弥《ひろや》に4回までにノーヒットに抑えられ、2安打完封負けに終わった。リーグ1位と2位の対戦とは思えないほど、両チームの勢いの差は歴然だった。

すでにオリックスに大きく引き離されてしまったものの、まだソフトバンクに1・5ゲーム差をつけ2位をキープしていた。「長いシーズンを戦っていけばこういうことも起こる」と割り切っていたし、まだまだチャンスがあると思って試合に臨んでいた。

オリックス優勝決定直後に行ったブチ切れミーティング

オリックス相手に2試合連続完封負けした後、楽天、西武との5試合を3勝2敗で勝ち越し、再びオリックスとの2連戦を迎えた。

第1戦は何とか接戦に持ち込んだものの2対3で落としてしまい、第2戦に敗れれば目の前でオリックスに優勝を決められる状況だった。

選手たちが相手先発・山﨑福也《やまさきさちや》を攻略し、6回を終え2対0とリードする展開で終盤に突入。だが7回に投入した横山陸人が大量6失点を献上してしまい、逆転負けでオリックスの胴上げを目の当たりにすることになった。

8月以降は独走を許してしまい、遅かれ早かれオリックスがリーグ優勝するのは既定路線だったとはいえ、試合直後にほとんど悔しそうな素振りを見せなかった選手たちを見て、今も勝つことを目指して試合に臨んでいるのか疑わしく思った。

そこで急きょ、選手全員をベンチに残しオリックスの胴上げを見せた後、そのまま食堂に移動してミーティングを行うことにした。そして開口一番「マウンドで歓喜している声が勝者の出す音やぞ!」と声を張り上げた直後、近くにあったゴミ箱を思い切り投げつけ「それでこれが敗者の音やぞ。おまえら憶《おぼ》えとけよ!」とブチ切れてみせた。

もちろん単純に怒りを爆発させたわけではなく、これくらいやらないと選手たちは分かってくれないだろうと考え、芝居を打ったのだ。食堂にいた栄養士の女性を驚かせないように、ブチ切れることを事前に伝えるほど冷静だった。

本来こういうことはすべきではないが、あくまでCS進出を目指して戦っていかねばならない中で、選手たちに勝つ喜びと負ける悔しさの差をしっかり認識してほしかったのだ。最後は「だけど残りのシーズンを頑張れば、CSでオリックスをやっつけられるチャンスがある。ここから切り替えてやっていこう」と声をかけ、ミーティングを締めくくった。選手の前でブチ切れてみせたのは後にも先にもこの一度きりだったが、こちらの思惑通り、これを機に選手たちの集中力が変わった。

7連敗中に起きた悔やまれる投手起用

オリックスの優勝決定後に行ったブチ切れミーティングにより、選手たちの姿勢は目に見えて変わったものの、なかなか勝利に結びつくことはなかった。その後も連敗が続き、9月25日のソフトバンク戦に1対10で敗れ6連敗を喫し、7月12日から維持していた2位の座を明け渡した。2毛差で4位に転落。ソフトバンクと楽天に追い抜かれたというよりも、こちらが先を譲ったという表現の方が当時のチーム状況に即していると思う。翌26日も日本ハムに0対7で敗れ、7連敗を喫してしまった。

この7連敗中も、僕の中で悔いが残る試合がある。9月24日のソフトバンク戦だ。この試合は朗希の復帰登板3試合目になる予定で、内容次第では5回までいけると想定していた。ところが直前に朗希がインフルエンザを発症してしまい、急きょブルペンデーに切り替えることになった。

僕の中では当初、益田直也を先発させようと考えていたのだが、ミーティングで話し合った結果、横山を先発させることになった。ところが立ち上がりから犠打と四球を挟んで4連打されるなど、打者一巡の猛攻で5失点し、試合の主導権を渡してしまった。

前述の通り、横山はオリックスに優勝を決められた試合でも大量点を許しており、プレッシャーのかかる場面の登板では自分本来の投球をするのが難しいタイプだった。そうした横山の性格をしっかり把握せず、心の負荷を急激に上げるような登板機会を与えてしまったこちらのミスでしかない。この試合で打線が久々に6得点していただけに、投手起用の順番を間違えてしまったという悔いが残る。横山にはいい経験をしてもらえたと考えるしかない。

インフルエンザ発症で登板回避した朗希のみならず、連敗中のチームに追い打ちをかけるように、チーム内でインフルエンザが蔓延《まんえん》した。投手、野手ともに離脱者が続出し、さらに深刻な人手不足の中で、より厳しい戦いを強いられた。この騒ぎがなければもう少し余裕を持った戦い方ができていたはずだし、7連敗せずに済んでいたかもしれない。シーズンで最も過酷な時間を過ごしたと思う。

今だから告白できることだが、実は選手たちが発熱で次々と離脱している時期に、僕も発熱の症状が出ていた。だが検温はしなかったので、どの程度の熱が出ていたのかは確認していない。ただ、声がややかすれていたし、明らかに体調を崩していた。

もし発熱が確認されれば、病院に行かねばならず僕も離脱を余儀なくされていた。本来であればきちんと診てもらうべきだが、チームの危機的状況を考えれば休んでいる場合ではなかったし、とにかくこのまま指揮を執ることしか考えていなかった。

遠征中の出来事だったので、ホテルの部屋で1人安静に過ごしたのが良かったのか、球場入りした頃には熱も下がっていたと思う。繰り返すが検温をしていないので、あくまで個人的な感覚でしかないのだが。

チーム状況を変えるための心理学的アプローチ

シーズン最長の7連敗を喫した26日の日本ハム戦は、インフルエンザにより最も多くの野手が離脱している時期だった。翌27日も復帰する目処が立っておらず、8連敗してもおかしくないチーム状況だった。

だが残り10試合を考えると、4試合が5位の西武戦で、すでに優勝を決めCSに向け調整に入ったオリックス戦も3試合残していた。離脱選手が戻ってくればまだまだ戦えるし、絶対にチャンスがあると思っていた。とにかく最後まで監督としてできることをやっていく覚悟だった。

そこで自分なりに何か工夫できないかと考え、7連敗した試合後にコンディショニング担当に、「明日の試合前は、小学生の昼休みの校庭みたいなそういうイメージでウォーミングアップしてくれへんか?」とお願いした。

協議の結果、女性のコンディショニング担当からの「勝敗を決めるゲームにした方が絶対に盛り上がる」というアイディアを元に、実際に選手たちにやらせることになった。
ベンチ裏で仕事をしていたので、実際のウォーミングアップを目撃することはできなかったが、鬼ごっこのようなものをやったらしい。後で選手たちに確認したら、みんな楽しかったと笑顔で話してくれた。そしてその日の試合に4対2で勝利し、ようやく連敗を止めることができた。

人間は自分の意思で気持ちを切り替えられないときでも、行動することで気持ちを変えることができる。連敗している選手たちの気持ちは間違いなく塞《ふさ》いでいるのだから、楽しく遊んでみることで明るい気持ちに切り替えてもらいたいという狙いだった。これは以前に学んだ心理学の知識を活用したものだ。

せっかくCSに進出できるチャンスがあるのに、何もせずに負けてしまうのは馬鹿げている。オリックス優勝決定後のミーティング、そしてゲーム感覚のウォーミングアップも、監督としてできることはすべてやろうとした結果だ。それが奏功するかは選手次第だ。
選手に確認していないので、こちらが感じているような効果が本当にあったのかは分からない。もしかしたら盛り上がるきっかけが他にあったのかもしれない。ただチームの雰囲気が変わったのは間違いないことだし、27日の日本ハム戦からシーズン最終戦までの10試合で、7勝3敗の成績を残し、奇跡の大逆転劇で2年ぶりのCS進出を果たすことになるのだ。

この10試合にしても、厳しい戦いの連続だった。中には10月3日の西武戦のように、7安打7四死球で1点しか奪えず敗れた試合もあった。それでも接戦、逆転で勝利を積み重ね、徐々にチームに勢いをつけながら、CS進出の可能性を残しシーズン最終戦を迎えることができた。

シーズン最後のミーティング

CS進出がかかったシーズン最終戦を控え、選手たちが緊張している様子だったので、ここでも試合前にミーティングを行っている。

選手たちを落ち着かせるため、「いい緊張にしろ、悪い緊張にしろ、これは戦うか、逃げるかという人間が持っている機能なので、それを理解した上で自分のできることに集中しよう。完璧《かんぺき》じゃなく『グッドです』でいいんだよ」という話をした。最後のくだりは昔、野茂英雄《のもひでお》が出演していたCMの台詞《せりふ》をそのまま拝借したのだが、誰もそのCMを知らなかったため、ここでも選手をシラけさせてしまった。

スピーチの度に選手をシラけさせてしまう僕のトークセンスはさておき、場面によって選手の心理状態を見極めながら、必要に応じて選手と向き合うことは大切なことだと思う。9月に入りチームが危機的状況を迎える中、短期間のうちにブチ切れミーティング、ゲーム感覚ウォーミングアップ、シーズン最終戦のスピーチを行った結果、選手たちは困難を乗り越え、CS進出という目標を実現した。

監督の仕事は試合に勝つことと、選手を育てることだ。僕が取り組んでいることはあくまで過程であり、そこでどんな評価を受けようともまったく気にならない。それが実現できれば成功で、失敗すれば次に生かすだけだ。

「スーパー安田」を支えたベテラン選手たち

ＣＳを含めた終盤戦では、シーズン最終戦で貴重な本塁打を放ち、ＣＳファーストステージ第３戦でサヨナラ打を放つなど、大事な場面で結果を出した安田尚憲がすっかりヒーローになっていた。監督インタビューで思わず「『スーパー安田』になってくれて良かった」と言ってしまうほどの活躍だった。

ただ、確かに安田は最後のいいところで打ってくれたが、それをお膳立てした岡大海や角中勝也や藤岡裕大の活躍があったことも忘れてはいけない。藤岡の同点スリーランは本当に神がかっていた。

チームが厳しい戦いを強いられる中、重要な局面で岡、角中、そして石川慎吾のベテラン３人が何度も窮地を救ってくれた印象が強い。改めてシーズンを通して活躍してくれた選手を考えてみると、野手はこの３人の名前が浮かんでくる。

開幕早々に荻野貴司が戦線離脱した後、若手選手の台頭に期待していたのだが、残念な

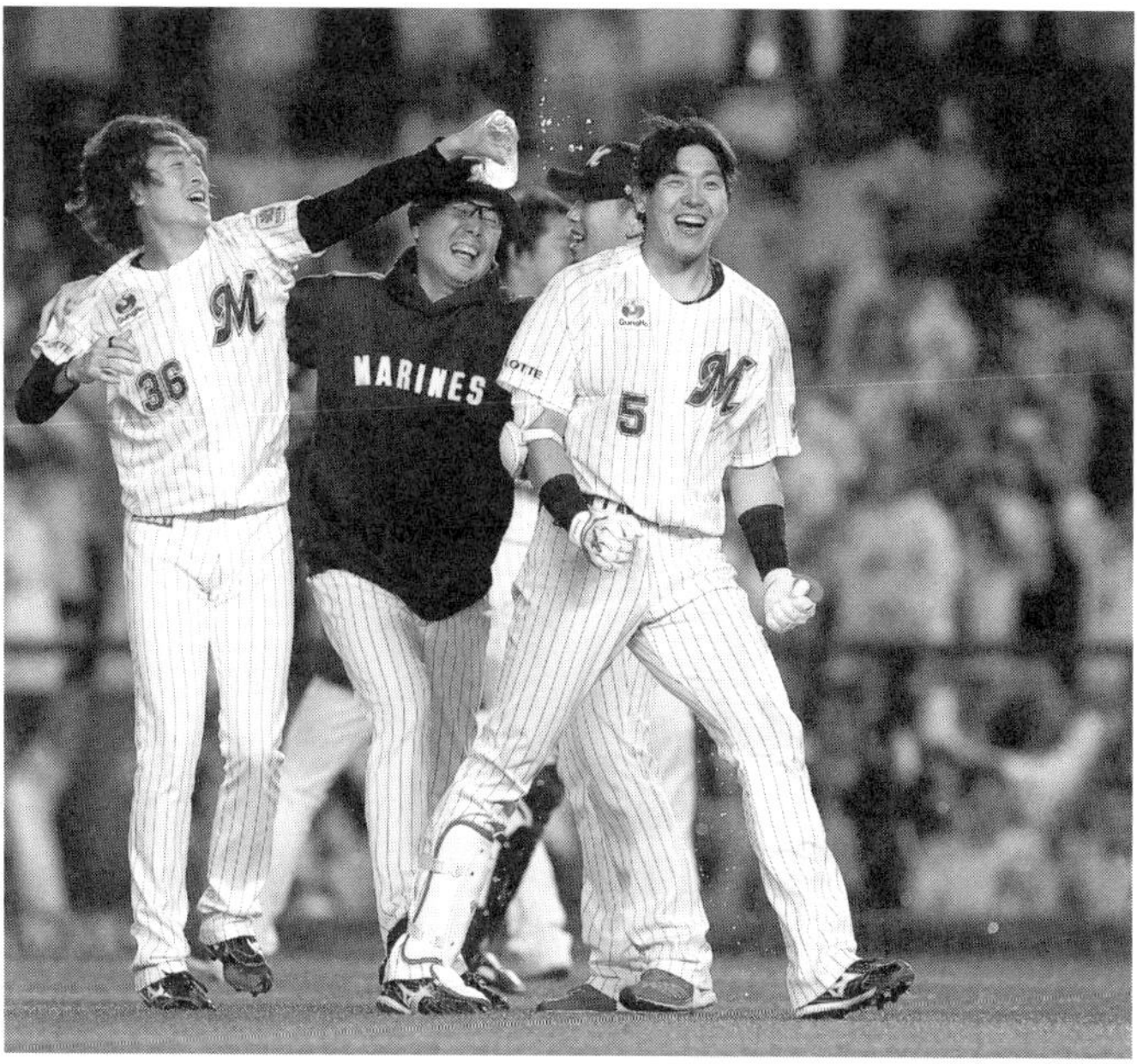

「スーパー安田」の劇的な一打でCSファーストステージを突破

がら彼らベテラン勢を脅かす存在は現れず、むしろシーズン終盤は彼らの存在感が増していた。

僕としてはベテラン勢3人がベンチで控えるのが理想的だと考えているのだが、彼らを超えるような若手はいつ現れるのだろうか。そして、安田が本当の意味で「スーパー安田」になれるかどうかは2024年の活躍にかかっている。

初戦の敗戦がすべてだったCSファイナルステージ

シーズン最終戦で楽天に勝利し、1毛差で2位に返り咲いたことで、ホーム・ZOZOマリンスタジアムでCSファーストステージを戦えたことはすごく大きかった。ただ第3戦までもつれ、小島を中5日で第3戦の先発に回したことで、ファイナルステージの戦術が手詰まりになってしまったのは痛かった。

ファーストステージで朗希、西野、小島を起用してしまったことで、残っている先発投手は美馬とメルセデスのみ。他に長いイニングを投げられる先発投手は残っておらず、第

3戦以降をすべてブルペンデーで切り抜けるという、ギャンブルと言われても仕方がない起用法しか残っていなかった。

それだけに、山本由伸を攻略して初回に3点の先制点を奪いながら、逆転負けを喫した第1戦がすべてだったと思う。中村稔弥《なかむらとしや》を6回に投入した僕のミスでもあるが、先発した美馬が5回まで投げてくれていれば、また違った展開になっていたかもしれない。美馬はシーズンを通して不安定な投球内容だったので想定内とはいえ、第3戦以降がブルペンデーになることを考えると、第1戦で少しでもリリーフ投手を温存したかったのは偽らざる本音だ。

苦しい状況ながらもこのファイナルステージを本気で勝つつもりで臨んでいたし、日本シリーズでは小島、西野に加え、朗希と種市が5イニング程度投げられる状況にあった。ただファイナルステージは1勝1敗になった時点で、勝ち上がるには残り4試合をすべてブルペンデーで乗り切るという型破りな起用法になっていただろう。いずれにせよこの段階で、選択肢ゼロの先発起用しかできない状態にしてしまった僕の責任でしかない。

2022年もそうだったが、先発投手がいなくなれば失速するのは分かっていた。それだけは避けようと思って臨んだシーズンだったのに、それでも先発投手が足りなくなってしまったので、もっとうまくやりくりしなければならないことを痛感した。

CSで犯してしまった2つの継投ミス

改めてシーズンを振り返ると、僕の采配《さいはい》や戦術が成功した試合より、失敗した試合の方が記憶に残るものだ。中でもCSで犯した2つの継投ミスは今も悔しさが残るし、選手たちに申し訳なかったと思っている。

まず1つ目は、奇跡の大逆転劇でファイナルステージ進出を決めた、ソフトバンクとのCSファーストステージ第3戦だ。

0対0のまま延長戦に突入する緊迫した試合展開となり、失点が許されない状況になっていた。僕の中では10回に坂本光士郎を投入することで固まっており、ブルペンで準備をさせていた。

ところが、10回は左打者の三森大貴《みもりまさき》から始まる流れだったのだが、9回裏に三森が負傷交代するアクシデントが起こり、交代した右打者の野村勇《のむらいさみ》から始まることになってしまった。そこで迷いが生じてしまい、急きょ坂本から澤村拓一に変更することにした。

澤村は急ピッチで仕上げてくれて、何とか投げられる状態でマウンドに上がった。とはいえ、今考えると急な変更でメンタル面を整えるのはかなり難しかったはずだ。そういう心理状態まで考慮することができていなかった。

結果、澤村は3失点してしまい、途中交代している。

その後、先に触れた藤岡の同点スリーラン、安田のサヨナラ打で劇的勝利を飾り、自分のミスは帳消しになったとはいえ、「やってしまった」という思いは強く残っている。悔やんでも悔やみきれないミスだった。

そして2つ目が、オリックスとのCSファイナルステージ第1戦だ。

すでに先発投手陣は火の車状態で、リリーフ陣をフル回転させなければ戦えない状況だった（第3戦はブルペンデーで回し、第4戦も3イニング限定で種市を復帰登板させている）。ファイナルステージに勝利する唯一の道は、継投策で最少失点に抑えることだった。

第1戦の相手先発はエース山本由伸ということで、大量得点は期待できず、ますます効果的な継投策が求められた。しかも初回に打線が3点を奪う先制攻撃に成功。美馬学が4回に同点に追いつかれ、早めに継投策に切り替えることになったが、さらに山本から6回に1点を奪い、リードする理想的な展開に持ち込んでいた。

そして1点リードの6回裏に3番手として投入したのが、前述した中村稔弥だった。この回はオリックスの4番レアンドロ・セデーニョから始まる重要な局面だったが、6番のマーウィン・ゴンザレス以外7番まで右打者が並んでおり、予測OPSを見ても中村のシンカーを打つのは難しいと判断した。僕としては磐石の継投策だった。

ところがマウンドに立った中村は極度の緊張から本来の投球がまったくできず、先頭にフォアボールを与えた後、次打者の杉本裕太郎《すぎもとゆうたろう》に同点打を献上してしまい、1アウトも奪えず交代している。結局この回に4失点してしまい、試合の流れをオリックスに譲り渡してしまった。

あの6回裏が試合を左右する局面だったと考えたからこそ、データ上で最も効果的な投球をしてくれる中村の投入を決めた。もちろん戦術的に間違った判断だとは思っていない。それまで、大事な局面で好投を演じてくれていたとはいえ、CSという大舞台の重要場面で登板する中村の心理状況まで想定できなかった僕のミスでしかない。こちらも悔いが残る継投だった。

日々の試合を戦いながら考えていたこと

選手のたちの頑張りで、苦しみながらもCSファイナルステージまで戦うことができたが、僕の中ではシーズンを通して勝敗に関係なく「これじゃダメだな」と反省の連続で、監督という仕事の難しさに直面していた。

チームとして最大の目標は当然勝つことなのだが、ロッテの選手構成は若手中心で発展途上の選手たちが多い。試合に勝つことを目指しながらも、それと同時に選手たちを上達させることを考えると、常に頭の中で「もっとできることがあったんちゃうかな」と自問自答を繰り返していた。

この本を執筆するため改めてシーズンを振り返ってみても、思い出すエピソードは基本的にミスや失敗ばかりだ。負けてシーズンを終えたのだから当たり前のこと。また、優勝したとしても、その時点で過去のことになるので、また次のシーズンのことを考えていかねばならない。課題や反省が出てこなければダメだと思うし、そうでなければそこで進化が止まってしまう。常に反省と課題に向き合っていくのが監督の仕事なのだと思う。

選手育成を任された2軍の監督ならいざ知らず、1軍の監督は勝つことと選手の育成を同時に考えていかねばならない。プロの世界はまず勝つことが大前提で、選手育成はその次になってくるし、1軍では選手を育成できれば負けてもいいという考え方は絶対にあり得ない。それを両立させなければならない難しさを感じていた。

勝つことと選手育成を同時進行させるという点で、僕とコーチ陣の間でしっかり意思疎通できていない面があったように思う。それも含めて監督としての不甲斐《ふがい》なさを痛感するしかなかった。

また僕の中で打撃は門外漢だという意識が常にあったため、打撃コーチに対して多少遠慮している部分があったと思う。投手コーチがこちらの要望に応《こた》えてくれていないときには、ミーティングで厳しく意見することもあったが、打撃コーチに対しては注意する程度だった。

さらに、監督1年目からいろいろとチャレンジするつもりでシーズンに臨んだが、殊の外、成績が良かったことで途中からやや守りに入ってしまった部分がある。シーズンが終わった後で、もっと思い切ったことができたのではないかと反省している。

初めて監督としてシーズンを過ごしてみて、投手コーチのときよりやるべきことは数倍に増えたが、精神的にも肉体的にも苦痛だと感じたことはなかった。どちらかと言えば監督という仕事を楽しめたし、どうせやるなら楽しむしかないと思っている。

選手たちの前で苦しそうな態度を見せれば、彼らに伝染してしまう。我々の仕事は選手を心地良い環境でプレーさせること。僕が選手たちの周りで楽しむ姿を見せていれば、彼らが余分な緊張をすることもないだろう。

そういう意味で考えると、つまらない悩みごとを抱えながら選手の前に立つのは決して理想的ではない。僕はそうした悩みをずっと抱え込まないように、ある程度のところでスパッと切り替えるように心がけている。近鉄バファローズとオリックスでお世話になった仰木彬《おおぎあきら》監督は、僕ら選手が見ていて怖いくらいの大胆さで、いいことも悪いことも引きずることなくどんどん切り捨て、次に向かうことができる人だった。当時は「これが監督というものなのか」と感心していたので、少なからず影響を受けているのかもしれない。

頭や心を切り替えるという意味では、僕は現役時代から得意な方だったと思う。昔からウェートトレーニングが大好きなのだが、トレーニング中は無駄な感情を持ち込まず、いつも無の状態を保つことができるようになっている。そのお陰でトレーニング後は常に心身ともにリフレッシュできている。今もウェートトレーニングを週5回やっているし、最近は散歩もしているのだが、ここでも無の状態で歩く習慣が身についている。

トレーニングや散歩は球場に来て午前中に行うのだが、その後に監督室で昼食まで1人でのんびりするのも習慣化している。これも自分をリラックスさせていると思うが、あくまで個人的な感覚では、トレーニングや散歩など無心で体を動かしている方が頭の中を整理できるような気がしている。

1年間、監督という仕事を経験し、一度たりとも「こんなものなんや」という手応えのような感覚を得ることはできなかった。特定の人物をモデルにしていないと説明したように、僕の中で比較対象が存在しないため、答え合わせができないし、何が正解かも分からない。

結局のところ、これからも経験を積み重ねながら、僕ならではの監督像を創《つく》り出していくしかないということだ。そのために、これからも引き続き、僕らしさを忘れずにやっていきたいと考えている。

第6章

さらなる高みを目指して

シーズン終了後に行った振り返り

ＣＳを含めすべての試合を終えた後、アナリストにシーズン総括のデータをまとめてもらい、最後の振り返りをした。

改めて確認できたのは、先発投手、リリーフ投手、走塁ではプラス評価が出ているものの、打撃面、守備面でマイナス評価になっていた。チーム戦力にそう大きな変化はないので、２０２４年も基本は投手力と守備力で逃げ切るスタイルを継承していくことになる。

そのためにも、マイナス評価になった守備力を見直していく必要がある。それを踏まえて２０２４年は、大幅に守備位置の入れ替えに取り組んでいく。

選手起用法の大胆な見直し

ＭＬＢ流コーチング法の導入で、コーチに変革を求めるだけでなく、選手起用法もいろいろ変更していくつもりだ。

まず前提として、指導体制が変わることで練習方法も変わっていくことになる（後述）。まず選手たちにはそれに適応してもらう必要がある。また野手陣に関しては、大幅な守備位置入れ替えを断行し、投手陣も先発とリリーフの入れ替えを検討している。

また、2023年にたびたび採用したブルペンデーも、改めてその効果を見極めた上で今後も継続していくことになる。

さらに、ブルペンデーとは違った起用法で、先発投手を育成することを加味し、3～4イニングを分担させながら先発投手2人を同じ試合に投げさせる起用法（MLBで浸透している「piggyback」と呼ばれる起用法）も検討したいと考えている。

2023年を振り返ってみても、シーズン開幕時の先発ローテーションを最後まで維持するのは難しい。シーズンを通して先発ローテーションを効果的に機能させるには、明確な起用プランが必要になってくる。

2023年のロッテもそうだったが、シーズン終盤に失速してしまうチームに共通しているのは、先発投手不足に陥ってしまうことだと思う。2023年のオリックスの強さを見ても分かるように、シーズン終盤になっても離脱者の穴を埋める先発投手が次々に出現している。

あくまで理想ではあるが、ローテーションの柱になる先発投手（少なくとも3人）以外は区間分けをする。2軍と連携しながらしっかり調整できる環境を整えた上で、各投手が任された区間で自分の投球ができるようになれば、シーズン終盤で先発投手不足に陥るリスクはかなり軽減できるだろう。

守備位置はかなり大胆に入れ替えていく。シーズン終了後にフロントに報告し了解を得た上で、すぐに選手たちにも伝えたが、内野陣は総シャッフルする。

まずショートだった藤岡裕大をセカンドにコンバートし、セカンドだった中村奨吾をサードに移動。サードが定位置だった安田尚憲はファーストをメインにしながらサードでも併用し、藤岡に代わるショートは友杉篤輝と茶谷健太を併用していく。そしてファーストでも起用していた山口航輝を外野に専念させ、レフトとライトを任せる予定だ。

ここに、ファーストもしくはサードで起用することになる2023年ドラフト1位、上《うえ》田希由翔《だきゆうと》が加わることになるので、奨吾、安田、上田の3人で激しいポジション争いが繰り広げられることを期待している。

これだけ大胆な守備位置の入れ替えは、シーズン中から密《ひそ》かに構想を練り上げていたものだ。チームの将来的なビジョンを考え、さらに選手たちに競争意識を持たせたかった。中でも奨吾と安田に火をつけたかったという思いが、この守備位置変更には込められている。

新しい指導体制にすることも、各自に競争意識を植え付けることも、その根底にあるのは、選手たちにいろいろなことに気づいてもらい、主体性を持ちながら取り組めるよう彼らを変えていきたいからだ。それが実現できれば、若手選手たちが次々に台頭してくれると思っている。

チームキャプテンを廃止

また、2024年からキャプテンを置かないことにした。

野球の特性を考えると、特定のキャプテンは不要であり、それぞれの場面で誰もがキャプテンのような役割を担えるスポーツだと思っている。つまりチームのために何か気づいた選手が現れたら、その選手がキャプテン役を担えばいいのだ。

選手たちが主体性を持って行動できるようになれば、自然と気づけるようになるし、率先して他の選手に対し意見を伝えられるようになるだろう。キャプテンを置いてしまうと、僕が理想とする、選手みんなが自由に発言できる環境づくりの阻害にもなりかねない。

それと、2021年からキャプテンを任されていた奨吾の負担を減らしたかったというのも、廃止理由の1つだ。奨吾がキャプテンを続けたいのなら引き続き任せようとも考えていたが、選手会長にも就任することになっていたので本人に確認したところ、「選手会長と自分のプレーに専念します」とのこと。そこで正式に廃止が決まった。

侍ジャパンがキャプテンを置かず、選手たち自身で最高の雰囲気をつくりながら優勝を決めたことも、僕の中で印象的な出来事だった。キャプテン廃止を決めたことも、いつの間にか栗山さんの影響を受けているのかもしれない。

長打力不足に苦しんだ打線を改善していく新たな取り組み

グレゴリー・ポランコが本塁打王（26本）のタイトルを獲得する活躍をしてくれたが、彼もシーズン前半戦はかなり苦しんでおり、シーズン全体で考えると常に長打力不足に悩まされた感は否めない。第4章で説明しているように、アナリストの意見に納得しながらも送りバントを多用してしまったのは、そうした事情があったためだ。

投手力と守備力を武器に、最少失点で逃げ切るのがロッテの勝ちパターンとはいえ、打線の援護があれば投手陣の負担を軽減できるし、戦い方にも余裕が出てくるだろう。だが、選手たちの長打力を急激に改善させ、短期間で強力打線に変貌《へんぼう》させるのは夢物語に近い。だからと言って手をこまねいていては絶対にいけないし、監督として打開策を考えていかねばならない。そのためには常識にとらわれず各方面から様々な意見を聞き、発想の転換をすることで何らかのイノベーションを起こす必要がある。

これはロッテに限ったことではなく、球界全体に共通していることだと思うが、現在のコーチたちは、選手に対して技術メインの指導をしているように感じている。それはシーズン中も含めて言えることだ。僕が投手コーチ時代に心がけていたのは、技術向上はシーズンオフやキャンプで選手個々に取り組んでもらい、シーズン中は選手の能力を最大限に引き出す体制づくりをすることだった。

野球は投手、野手に関係なく、常に相手と対峙《たいじ》するスポーツだし、選手の技術や体力の向上は一朝一夕でできる作業ではない。それを踏まえて即時効果を求めるのならば、しっかり相手を研究して対峙していくしかない。

具体的に説明するならば、選手の打撃スキルの向上を目指すより、相手投手の球種や組み立ての傾向をデータで確認しながら「おまえはこういうスイングをしているのだから、この球を狙いにいこう」と明確な指示を出した方が、日々の試合で結果を残しやすいはずだ。それが戦略というものだ。

僕の中ではシーズン中の選手が必要としているものは3つあると考えている。その中で、即効性の順番を挙げるとすれば、①戦術、②技術、③体力・思考力の順だと思う。その戦術の面で現在のＭＬＢは大胆な変革を遂げている。数学の専門家やプログラマーをスタッフに加え、あらゆるプレーをデータ化することで戦術を考え、さらにコーチングにも取り入れるようになった。

ロッテでも少しずつ導入してきているのだが、２０２４年はこれまでロッテの土台になっていた部分を壊してでも、変革を求め新しいことにチャレンジしていくつもりだ。

データを最大限に活用するコーチング法

その新しいチャレンジの１つが、ＭＬＢで導入されているデータをフル活用したコーチング法だ。

ＷＢＣの事前キャンプで、ダルビッシュ有がトラックマン（追尾装置）を使用しながら投球練習を行っていたのを見て、ロッテで導入するのもありだと考え、投手陣に打診していたことはすでに触れたが、実は２０２３年にデータを使った投球練習で成功したケースがある。

ある投手がフォークの調子が悪くなった際に、ブルペンにトラックマンや超スローカメラを設置し、腕の振りやボールの握りなどを確認した。好調時と不調時の違いを探りながら微調整する取り組みを行ったことで、調子を取り戻すことに成功している。

ただ2023年の段階では、MLBのようにデータを収集かつ分析し、選手が必要な情報を的確に伝達してくれる専門家がいなかった。またコーチ陣もそうしたデータを活用するスキル、経験に乏しく、そのコーチング法を導入できる十分な体制ではなかった。2024年はコーチ陣にしっかり勉強してもらって、これまで以上にデータを使った、より専門的なコーチングができるようにしたいと考えている。

シーズン終了後にフロントに相談したところ、データを活用したチーム戦術やコーチング法の導入に積極的に取り組んでくれることになった。

その一環として、2024年からコーチの他に、新たに打撃、投手、守備の3部門でそれぞれコーディネーターを招聘《しょうへい》することになった。さらに打撃部門にバイオメカニクスの専門家を迎えることも決まっており、それぞれの部門で様々な視点から選手にアドバイスできるようになる。まさに2024年の指導体制は、大幅に変革することになるだろう。ちなみに打撃と投手のコーディネーターは大学院でその分野の研究に取り組んできた専門家を招いている。

そうなるとコーチの立ち位置もこれまでとは変わってくるし、彼らが行ってきた従来のコーチング法とは明らかに変化していかねばならない。またコーディネーターやバイオメカニクスの専門家、アナリストと一緒に指導していくことになるので、そうした専門家の意見を自分の中で咀嚼《そしゃく》して選手に伝えていくために、データ分析やバイオメカニクスの知識を理解することも必要になってくる。

例えばバイオメカニクスは、あくまで現象を確認し説明する学問なので、専門家は「こうなっている」と伝えてくれるだけで、それを修正するための技術指導は専門外だ。つまり専門家の意見を理解した上でそれを野球の技術として落とし込み、選手に的確なアドバイスをするのがコーチの役割になってくる。こうした指導体制の変更についてコーチ陣と話し合いながら、新しいコーチング法の重要性を理解してもらえるように促すのが僕の役割だと思っている。

さらにMLBのように、2024年からコーチの完全分業制も取り入れる。具体的には打撃コーチ、投手コーチともに、データを元にバイオメカニクス的見地から選手のコンディショニングや調整を担当するコーチと、相手チームに関するデータを元に戦術（投手コーチなら相手打線を想定した投球の組み立て、打撃コーチなら相手投手の攻略法）を考えるコーチに分けていく。

完全分業制は、より専門的な知識を求められるのでコーチは大変になると思うが、選手を混乱させないという意味では、コーチがそれぞれ別々の指導をするよりも、指導体制が一元化されている方が理想的だろう。

ドジャースに短期留学した際に感じたことだが、僕が現役だった頃とは何もかもが様変わりしている。例えば2000年代の初めは打撃コーチ、投手コーチともに1人体制が当たり前だったのに、今では全チームが2人もしくは3人のコーチを置き、前述した通り完全分業制で選手に対応している。

しかも彼らの仕事量は劇的に増え、試合中だけでなく、その前後でもコンピュータを片時も離さずデータをチェックし続ける日々を過ごしている。ロッテのコーチ陣にいきなりMLBのようなコーチ像を求めるのは大変だと思うが、ロッテの将来のためにも必要な変革だと信じている。


この指導体制がしっかり機能していけば、コーチと選手たちの対話がこれまで以上に活性化するし、コーチ陣とのミーティングももっと選手に寄り添ったものになるだろう。そしてチーム内で共有するレポートを通じて、すべての人たちが選手の状態を把握できるようになれば、選手育成面でより良い環境を築けるはずだ。

ただ、今ではデータをフル活用するコーチング法が常識になっているMLBでも、導入当初はいろいろ混乱が生じたと聞いている。ロッテもすぐに体制が整うとは思わないし、きちんと機能するようになるまでは数年かかるのではないだろうか。

野手の運動量を科学的に分析

第4章で5月に16試合連続先発出場した藤原恭大が負傷により戦線離脱したことを紹介したが、2024年はしっかり野手の運動量を把握するため、科学的な計測をしてもらう予定だ。そのデータを使うことで、野手の起用法を修正していこうと考えている。

捕手は以前から明らかに練習しすぎだと思っていた。試合中は投手と同じくらいの球数を投げているのに、試合前の練習でも、毎日かなりの球数を投げていた。そこで2023年に練習量を減らすように要請したところ、捕手全員が負傷することなくシーズンを乗り切ってくれた。それは野手にも当てはまる面があるように思う。

外野手は、試合中の運動量自体は決して多くないものの、守備位置とベンチの往復だけでもかなりの移動距離がある。藤原の例もあるので、やはり外野手の練習量も検討対象になってくる。

2023年にドジャースへの野球留学で渡米した際、トロント・ブルージェイズのマイナー施設も見学させてもらったのだが、ほとんどのマイナー選手が、サッカーやラグビーのようにGPSを装着し、移動距離と心拍数を測定していた。

それをロッテでも実施し、データを集めた上で、専門家に分析してもらえたらと思っている。

野手に関しては、春季キャンプから打撃練習の時間を短くし、さらにシーズン中も全体練習は少なめにして、選手の主体性に任せたことを第3章で説明した。

だが、ほとんどの選手が少ない練習時間に不安を抱き、結局これまでと同じ量の練習をしてしまう事態を招いていた。

いくら選手に主体性を求めても、本人たちが練習のしすぎを自覚しなければ同じことの繰り返しになってしまう。ある程度こちらで強制的に練習量を減らすにしても、選手たちを納得させる材料が必要になってくる。そのためにも彼らの運動量をデータで把握することは重要だ。

和製長距離打者の台頭

2024年はポランコが残留し、さらに2023年まで横浜DeNAベイスターズに在籍していたネフタリ・ソトが加わったため、課題だった長打力不足は改善されそうだ。

ただ本音を言わせてもらうと、彼らの他に日本人選手で4番が打てるバッターが出てきてほしい。他チームで例えるなら、ソフトバンクの柳田悠岐《やなぎたゆうき》、楽天の浅村栄斗《あさむらひでと》、ヤクルトの村上宗隆のような存在だ。

現在のロッテの中にも4番を打てそうなタイプの選手は何人かいるのだが、彼らの成長を手助けしてくれる、見本になる選手がチーム内にいないのが、伸び悩んでいる一因になっているように思う。敢えて選手の名前は挙げないが、誰でもいいから頭角を現す選手が最低でも1人は出てきてほしいと願うばかりだ。

常勝チームに必要な雰囲気、文化の構築

チームの土台を壊すという意味ではかなり大きなチャレンジになると思うが、チーム内の雰囲気、文化を一新できればいいと考えている。

ロッテは「下剋上」と言われた2010年の日本シリーズ制覇を最後に、しばらく日本一から遠ざかっている。それ以降も2023年を含め6度CS進出を果たしているものの、終盤まで熾烈《しれつ》な優勝争いができたのは2021年のみだ。これまでロッテに在籍して感じてきたことだが、毎年優勝争いを演じるような常勝チーム内で醸し出される独特な雰囲気が不足しているのだ。

MLBを例にすると、普段の選手たちは個性が強くてバラバラなのに、いざ地区優勝やポストシーズン進出という共通の目標が見つかると、あっという間に学生時代の文化祭のように盛り上がり、結束力が生まれる。それが今のロッテには足りておらず、どことなく選手たちが冷めているような印象を受ける。

僕の管理が不十分で先発投手が不足してしまい、シーズン終盤に勝てなくなってしまったのはこちらの責任でしかない。その中で選手たちが奮起して何とかCSファイナルステージまで進出できたのに、最後まで選手の中でMLBのような結束力や盛り上がりが出てこなかったように思う。そうした雰囲気が出るようにならないと、常勝チームに変わっていくのは難しいだろう。

前章に記した通り、オリックスに優勝を決められた後で、演技とはいえ選手の前でブチ切れる姿を見せたのも、選手たちが見せた態度や雰囲気に物足りなさを感じたからだ。

今や球界屈指の常勝チームであるソフトバンクも、リーグ3連覇を達成したオリックスも、それ以前は長い低迷期を経験していることを考えれば、ロッテもフロントと現場の指導者たちが同じ目標を掲げ、様々な課題に取り組んでいければ、進むべき方向に向かっていけると信じているし、僕がその転換期をつくれればという思いから、フロントと協議した上で大胆な変革に取り組もうとしているのだ。

その一環として、僕からチームにお願いして、2024年から2軍専用のユニフォームを作成してもらった。

1軍と2軍のユニフォームを変えることで、選手たちにピンストライプのユニフォームを着る重みを感じてほしかったためだ。2軍にいる選手たちには、1軍を目指すモチベーションに繋げてほしいと願っている。

目指すものは過程ではなく結果

ここに記した様々な取り組みが、2024年のロッテにどのような変革をもたらすのかは未知数だし、僕がその変革をどこまで見届けられるのかも分からない。ただ新しいものを導入することで、チーム、そして選手たちがどんな化学変化を起こすのか、楽しみで仕方がない。

このチームは若手主体のチームで、何かの拍子に一気に成長しそうな選手がたくさんいる。いろいろ試していく中で、多種多様なチャンスを選手たちに与えられればと考えているし、そのきっかけを少しでも示せるように、もっと貪欲にチャレンジしていきたい。

また、2023年に監督として選手と時間を共有し、彼らと対話を続けてきたことで、すでに少しずつ変化が始まっていると思っている。その分2024年の選手たちへの期待度も自然と高まっている。先に掲げた新たな文化の構築は、絵空事のように聞こえるかもしれないが、選手たちが着実に変化していけば不可能ではないはずだ。

これまで野球界に長く身を置いてきたが、周りの人たちから多少、異端児扱いされている面は否めない。旧来の常識にとらわれない僕の言動が、型破りに見えてしまうのかもしれない。だがその常識は、野球界の中でしか通用しないものではないだろうか。

僕が筑波大学大学院で学んだように、野球界の枠から飛び出して別の世界の視野、価値を学ぶことで、人はより成長できるはずだ。これからも、選手、そしてチームにとって有益だと思うことがあれば、野球界の常識から逸脱していても、積極的に取り組むべきだと考えている。

まだ結果が出ていないうちから取り組みだけを見て疑問の声を挙げられても、まったく気にならない。僕が監督として求められているのは過程ではなく結果だ。僕はその結果だけを追い求めて日々研鑽《けんさん》を重ねている。

僕の野球人生も、そしてロッテで取り組み始めた改革もまだ道半ばだ。

これからも多種多様な意見に耳を傾けながら、自分自身も成長し続けていきたい。

おわりに

このページに目を通しているということは、最後まで読み進めてもらえたのだと思う。皆さんは2023年の吉井理人のチャレンジをどう受け止めてくれただろうか。

投手コーチ出身でありながら、最終的に投手陣をマネージメントしきれなかったという事実は、批判を免れることはできない。

また監督という仕事は、チームがどう変化したかよりも、チームが勝ったか、選手をプラン通りに育成できたかで評価される。そういった意味で、2023年の僕は、監督の仕事を果たせたとは決して言えない。

ただ、本書でも触れているように、僕が野球人として培ってきた経験や考えを元に、チームにとって必要だと思うことには積極的に取り組んできたし、新米監督としてやれることはやってきたつもりだ。それが、選手やコーチにどのように受け入れられ、どのような効果をもたらしたかについては、今の段階では正直まだ分からない。

２０２４年も指揮を執らせてもらえることになった今、２０２３年の経験を飛躍の糧にするのか、それとも無駄にしてしまうのかは、僕に委ねられている。監督の役目を果たすには、この経験を最大限に生かさなければならない。それを踏まえて、２０２４年のロッテを見守ってほしいと思っている。

２０２４年は、シーズン終了時点で1位になっていることが最大の目標であり、それを実現するために、今の戦力でどう戦っていけばいいのかを常に考えている。その上で、第6章で紹介しているように、２０２３年に感じた反省点を改善するため、チームを根本から変えることも厭《いと》わない大胆な改革にも着手しようとしている。

その改革に成功すれば、千葉ロッテマリーンズは、プロ野球の中でも最先端の指導、戦術を導入するチームに変貌《へんぼう》できるだろう。一方で、もしうまくいかなければ、チームに混乱を与えることになるかもしれない。

僕にとって2024年は、2023年以上にチャレンジの年となる。

僕が2024年に取り組もうとしている変革は、これまでのプロ野球の常識で考えると、非常識な要素が含まれると思う。だが僕の中では、現在の野球界にとって必要なことだと信じているので、それに向かって突き進むだけだ。

そうした思いの根底には、これまで様々な分野の人たちと積極的に交流し、野球界の常識にとらわれない意見に耳を傾けることで得てきた新たな気づきがある。

そして、それを可能にしてくれているのが、僕が培ってきた「聴く力」なのだと思う。

2024年に取り組む変革が機能するかについては、選手やコーチ陣が僕と同じ方向を向き、一緒に取り組んでくれるかどうかにかかっている。

それには、彼らとの対話の中で、引き続き意思疎通を図ることが必要になるが、彼らもまた、色眼鏡を外し、人の意見に耳を傾ける力をつけないと、2023年と同じような状況を繰り返してしまうかもしれない。彼らに「聴く力」を身につけてもらうことも、主体性を育《はぐく》むための大事な要素だと考えている。

野球の競技人口減少に歯止めがかからない今、質の高い育成環境を整えていくことは、プロ野球のみならず野球界全体が抱える喫緊の問題だ。そのためにも、野球界だけの常識にとらわれることなく、あらゆる分野の人たちを巻き込み、意見を聞くことで新たな価値観を見出《みいだ》していく必要がある。そうでなければ、野球界にイノベーションは起こらない。

2023年から、臨床スポーツ心理学の先生や、アナリストの知識を戦術や育成に積極的に取り入れてきた。2024年も、これまで選手へのコーチングは専門外とされてきたバイオメカニクスの専門家を、コーディネーターとして迎え入れる。この取り組みが、従来の価値観を大きく変えるものになると信じている。

本書が発売される頃には、プロ野球は2024年シーズンの開幕を迎えていると思う。果たして僕は、皆さんに喜んでいただけるチームをつくれているのだろうか。

2024年以降のロッテの戦いぶりに、ぜひ注目してほしい。

最後に、僕が本書に記した内容は、野球界のみならず、一般社会でも通じるものがあると思っている。本書を通じて、皆さんに何か1つでも気づきを与えることができていたら、これ以上の幸せはない。

ほな、また。

2024年2月

吉井　理人

制作協力　株式会社千葉ロッテマリーンズ

写真提供　産経新聞社
ブックデザイン　出田 一、松坂 健（ＴｗｏＴｈｒｅｅ）

本書は書き下ろしです。

吉井理人（よしい　まさと）
1965年４月20日生まれ、和歌山県出身。箕島高校時代はエースとして甲子園に出場し、83年ドラフト２位で近鉄バファローズに入団。88年には最優秀救援投手のタイトルを獲得。ヤクルトスワローズを経て、98年にFAでニューヨーク・メッツに移籍し、2002年までメジャーリーグでプレー。現役引退後は北海道日本ハムファイターズ、福岡ソフトバンクホークス、千葉ロッテマリーンズ、侍ジャパンで投手コーチを歴任し、23年よりロッテの監督に就任。筑波大学大学院ではコーチング理論を学び、修士号も取得している。

聴《き》く監督《かんとく》

2024年３月29日　初版発行

著者／吉井理人《よしいまさと》

構成／菊地慶剛《きくちよしたか》

発行者／山下直久

発行／株式会社KADOKAWA
〒102-8177　東京都千代田区富士見2-13-3
電話　0570-002-301(ナビダイヤル)

印刷・製本／大日本印刷株式会社

ISBN 978-4-04-114788-7　C0075